*Yo no impongo las tendencias.*
*Sólo averiguo cuáles son y las exploto.*

—**Dick Clark**
disc jockey en Estados Unidos
y ejecutivo de la industria musical

# La Mina de Oro en el Hogar

Como convertir los gastos del hogar
en ingresos para el hogar
y llegar a ser dueño de tu propia vida
en el proceso

## Dr. Steve W. Price

**La Mina de Oro en el Hogar**
por Dr. Steve W. Price

Traducido de la obra en inglés:
Household Gold
by Dr. Steve W. Price

Copyright 2005 by Steve W. Price

ISBN: 978-0-9825883-9-0

Impreso en los EE.UU.
Primera edición (español) - diciembre, 2010

Publicado por
Editorial Renuevo
www.EditorialRenuevo.com
info@EditorialRenuevo.com

# Dedicatoria

---

*A mi madre, Mary Evelyn Price,*
*la mejor mamá que cualquier niño pudiera tener.*

# Reconocimientos

Es lógico que un libro sobre la mina de oro en el hogar debe rendir homenaje a la mina de oro en el lugar de trabajo, es decir, a las personas que hacen que para mí, ir a trabajar cada mañana sea una alegría en vez de una carga.

Gracias, Katherine Glover, presidente de INTI Publishing, por liderar a nuestro equipo con una determinación en su corazón y una sonrisa en su rostro.

Gracias, Burke Hedges, mentor y socio del negocio, por reconocer talentos en mí, antes de que yo mismo los reconociera.

Gracias, Sandee Lorenzen, nuestra directora de operaciones, por nunca dejar de elevar mis ánimos con el canto en su voz.

Gracias, Gail Brown, nuestra contadora, por cargar a lo menos cinco sombreros encima de el de contabilidad.

Gracias, Julia Bullough, nuestra gerente de envíos, por organizar un almacén que se ha cuadruplicado en tamaño en el transcurso de dos años.

Y gracias a usted, Debbie Cortes, nuestra directora de mercadeo y miembro más reciente de nuestro equipo, por su calmada y profesional manera de ser y su actitud siempre positiva.

Gracias a todos ustedes, me divierto en el trabajo más que la mayoría de la gente se divierte en los fines de semana. Desde el fondo de mi corazón les digo a cada uno de ustedes, "Gracias por ser quienes son. No quisiera que cambien, por nada del mundo."

# Contenido

# Introducción

*Es obvio para todos que ser dueño de casa propia es mejor que alquilar porque siendo dueño uno establece patrimonio.*

*Pues bien, al igual que las casas representan patrimonio, los hogares lo contienen también. Sin embargo, ¡nadie toma en cuenta que es dueño de un patrimonio en su propio hogar!*

# El patrimonio en el hogar: Una mina de oro de nunca acabar

*Los pensamientos que surgen en nuestras mentes sin buscarlos, y que caen de la nada a la mente, por lo general son los más valiosos.*

—John Locke
*Filósofo*

Quizás nunca hayas escuchado la expresión, "*Dinero de todos modos.*"

Y con razón, pues yo me la inventé.

*Dinero de todos modos* es el dinero que gastas para mantener tu hogar y tu estilo de vida. Y en vista de que tienes que gastar ese dinero de todos modos, tiene sentido ubicarse en el lugar donde puedes generar ingresos - en vez de sólo egresos - en esos gastos inevitables, ¿no te parece?

Piensa en las decenas, por no decir centenas de productos y servicios que tienes que estar comprando cada vez.

Tienes que comprar detergentes y productos de limpieza, *de todos modos.*

Tienes que comprar cosméticos y productos de belleza, *de todos modos.*

Tienes que comprar vitaminas y suplementos, *de todos modos.*

Tienes que pagar por muchos servicios domiciliarios incluyendo el Internet, teléfono de linea fija, teléfono celular, y llamadas de larga distancia, *de todos modos.*

Así que, en vista de que tú y millones de otras personas trabajadoras tengan que RESTAR dinero de sus hogares para comprar estas cosas, *de todos modos,* ¿acaso no tiene más sentido que un gran porcentaje de ese dinero regrese como INGRESO a tu hogar?

¡Por supuesto que sí!

Y bueno, por eso escribí este libro - para enseñarte las estrategias comprobadas que te ayudarán a convertir tus GASTOS del hogar en MINA de ORO del hogar.

## ¡No sólo un reembolso, sino un flujo en la caja!

Las estrategias que estás por aprender son similares a los anuncios publicitarios televisados por la tarjeta de crédito Discover que dice, "¿Por qué no ganar dinero por las compras que haces, *de todos modos?*"

Y por cierto, ¿Por qué no?

Pero, ¡La Mina de Oro en el hogar empieza donde la tarjeta Discover termina! Al apalancar el concepto de La Mina de Oro en el hogar, no solamente recibirás dinero de reembolso por las compras, sino que tú puedes posicionarte para recibir un flujo de caja de los productos y servicios que otras familias gastan, mientras te ahorras miles de dólares al año en impuestos. A decir verdad, ¡La Mina de Oro en el hogar tiene el potencial de llegar a ser una 'Vaca Lechera' para ti, si aprendes y pones en práctica los principios encontrados en este libro!

La belleza de La Mina de Oro en el hogar es su sencillez - te empodera para crear riqueza de las compras que haces y que otros hacen, *de todos modos* - al mismo tiempo que te empodera para que seas dueño de tu propia vida. En vista de que todo mundo quisiera ganar más dinero y poder tomar control de sus propias vidas, *de todos modos,* ¿Por qué no aprender cómo hacer las dos cosas?

## Como llegué a conocer el dinero 'De Todos Modos'

El concepto de dinero '*de todos modos*' me tomó años en comprenderlo - para ser preciso, ¡30 años! Esta es mi historia de cómo lo conocí.

En 1974, cuando tenía 28 años de edad y alquilaba un apartamento, tomé la decisión de comprar una casa. Había vivido en alquiler desde que egresé de la universidad y me cansé de pagar alquiler sin tener nada propio, después de todo. Así que, compré una casa pequeña de dos dormitorios, una 'choza' (por no decir 'un basurero') ubicada en una calle silenciosa, con arboleda, por $15,000, que era un precio super barato, aun para esos tiempos.

Trabajando noches y fines de semana, logré renovarla y un año después la vendí por $28,500. Un mes después, aproveché de la ganancia para comprar otra casa más grande y en un mejor vecindario.

Sin darme cuenta, este fue mi primer encuentro con '*dinero de todos modos*'. En vista de que necesitaba un lugar para vivir, *de todos modos*... y en vista de que lo que pagaba en alquiler era lo mismo que pagaba en mensualidades para comprar la casa, *de todos modos*, pues era obvio que ser dueño de mi propia casa y crear mi propio patrimonio, que seguir con los pagos de arriendo a fin de que el dueño del apartamento aumente *su* patrimonio a costa mía.

Mi primera experiencia en ser dueño de mi propio inmueble fue tan positiva que me llevó a ser no tan solo propietario, sino inversionista en bienes raíces. Hoy, soy dueño de tres complejos de apartamentos y tres condominios avalorados en varios millones de dólares y siempre estoy atento a buenas oportunidades de inversión.

Las ventajas de ser dueño de inmuebles para rentar son enormes. Propiedades de inversión crean patrimonio y valorización...no son afectados por la inflación...ofrecen grandes deducciones tributarias...y una vez amortizada la hipoteca, generan ingresos residuales año tras año.

Lo cierto es que tener propiedad raíz es una gran inversión. Las estadísticas demuestran que el 70% de los multimillonarios hicieron su fortuna en bienes raíces. Pero, a diferencia de comprar una casa, que se puede comprar con *'Dinero De Todos Modos'*, (o sea, como tienes que gastar dinero en un lugar donde vivir, *de todos modos*, y es mejor ser dueño que tener que alquilar) invertir en bienes raíces requiere 'Dinero Adicional'.

Dinero Adicional es el dinero que tienes que gastar por encima y más allá del dinero que necesitas para mantener tu hogar. Por ejemplo, si compras un carro usado para uno de tus hijos, eso requiere Dinero Adicional. Si inviertes en la Bolsa de Valores o en bienes raíces, eso requiere Dinero Adicional. Las empresas financieras de ahorro y vivienda típicamente exigen un 20% de cuota inicial para invertir en propiedad raíz, lo que significa que para comprar un inmueble de $100,000 para arrendar, tendrías que sacar de tu bolsillo $20,000 sin incluir los gastos de refacción y reparaciones de emergencias. Para el 99% de la gente, $20,000 es un gasto fuerte de Dinero Adicional.

Es cierto, siendo dueño de bienes raíces puede ser una tremenda oportunidad para crear riqueza, pero no es para cualquiera. Requiere una cantidad fuerte de Dinero Adicional para comprar y mantener propiedades de arriendo, y a decir verdad, en nuestros tiempos, Dinero Adicional es un lujo para la mayoría de la gente.

## Como descubrí que los hogares también contienen patrimonio

Una tarde en diciembre del 2002, me encontraba en mi oficina juntando documentación para la reunión anual con mi contador. Estaba husmeando entre toda mi documentación de bienes raíces cuando descubrí una carpeta rotulada "Bienes Raíces de Papá y Mamá". Mis padres ambos fallecieron por los años 1990 y cayó sobre mí la responsabilidad de liquidar sus bienes. Al revisar la carpeta, dos documentos llamaron mi atención.

El primero fue el documento de venta final por la venta de su casa, que se vendió en $40,000. El segundo documento fue el informe del rematador quien realizó la venta de todos los efectos personales que se hallaban dentro de la casa de mis padres, como muebles, vestimenta, joyería, etc. La venta total de los efectos personales resultó siendo más de $10,000. Al comparar los dos documentos, lado a lado - $40,000 por la venta de la casa y $10,000 por la venta de los bienes - fui impactado por una realidad obvia: No son únicamente los inmuebles que representan un patrimonio, sino que también los hogares representan patrimonio.

Recuerdo haber reflexionado: "Es obvio a todo mundo que ser dueño de una casa es mejor que alquilar porque la casa representa patrimonio. Bueno, de la misma forma, los bienes de un hogar también representan patrimonio. Sin embargo, nadie piensa en adueñarse de su propio hogar.

Piénsalo bien. La gente gasta cientos de dólares y hasta miles de dólares al mes para mantener sus hogares. Lo que quiere decir que millones de personas están dejando que miles de millones de dólares se escurran por sus dedos cada año sin aprovecharse del potencial de crear patrimonio con ello. ¡Qué desperdicio! ¡Cada hogar en el mundo está asentado sobre una mina de oro de *Dinero de Todos Modos*, y la gente ni siquiera se da cuenta!

## Patrimonio del hogar: Una mina de oro de nunca acabar

Hay una manera sencilla de calcular cuánto patrimonio contiene tu hogar. Lo único que tienes que hacer es fijarte en tu póliza de seguros para ver en cuánto están avaluados los bienes DENTRO de tu casa.

Cuando revisé mi póliza de seguros me sorprendí al darme cuenta de que el contenido de mi casa estaba asegurado por

$97,000, que es el valor asignado por la empresa aseguradora en base al costo de reponer los bienes de mi hogar como ser, los muebles, la ropa, las sábanas y cubrecama, obras de arte, etc.

Pero en realidad, el patrimonio de mi hogar supera los $97,000 porque con bastante frecuencia tengo que reponer y reabastecerme de consumibles. Además, siempre estoy tratando de hacer mejoras o añadiendo algo al inventario de mi hogar. Por ejemplo, el mes pasado compré una computadora para el cuarto de mi hija, reemplacé el VHS viejo, cambiándolo por una combinación de grabadora DVD/VCR, y también cambié las persianas de mi dormitorio por cortinas del piso al cielo raso.

En el transcurso del año fácilmente gasto entre $500 a $1,000 el MES en cosas esenciales para mi hogar. Los hogares con tres o cuatro hijos posiblemente gasten dos a tres veces esa cantidad de dinero, cada mes.

Por eso digo que el patrimonio del hogar es una mina de oro de nunca acabar. Cada vez que tienes que reabastecer, reemplazar, aumentar o actualizar un producto o servicio estás aumentando el valor patrimonial a tu hogar, ¿no es cierto?

## Reconoce lo obvio

Desafortunadamente, si eres como la mayoría de la gente, estás gastando dinero para adquirir más patrimonio, pero no estás ganando absolutamente nada al invertir en ese patrimonio que acabas de comprar. La buena noticia es que tienes en tu hogar, en términos de patrimonio, una mina de oro de nunca acabar. Pero la mala noticia es que estás permitiendo que otra persona mine ese patrimonio en vez de aprovecharlo tú. Si no te has posicionado a ser beneficiado de las inversiones de millones de hogares que gastan miles y miles de millones de dólares cada año en patrimonio del hogar, entonces sí estás ignorando una oportunidad muy obvia.

Reconoce lo obvio, amigo. ¡RECONOCE LO OBVIO!

Mira, para la gente es obvio que ser propietario es mejor que ser inquilino, por lo que casi el 70% de los americanos son dueños de su propia casa. Pero, igualmente obvio es la realidad que los hogares representan patrimonio también al igual que las viviendas. Sin embargo, poca gente se posiciona para tomar ventaja de minar el patrimonio que contienen los miles de millares de hogares en el mundo entero. ¡Qué pérdida de oportunidad! ¡Qué pena!

Analízalo. De la misma manera que tienes que gastar dinero ya sea en alquilar o pagar cuota mensual por tu vivienda, *de todos modos*, también tienes que gastas dinero en las cosas esenciales para tu hogar, *de todos modos*. En tal sentido, ¿no sería lo ideal que te beneficiaras del patrimonio que representan esos productos y servicios de la misma manera que te beneficias al ser propietario de tu casa? Por supuesto que sí.

Es por eso que escribí La MINA DE ORO en el hogar - para iluminar una luz sobre una fuente obvia de riqueza que la gran mayoría de la gente ha estado ignorando. Mi meta es cambiar una obvia omisión a una profunda perspicacia acerca del concepto de crear riqueza que está delante de tu nariz.

## La MINA DE ORO en el hogar: El programa de recuperación del Dinero De Todos Modos

Hoy en día, el *Dinero De Todos Modos* es más importante que nunca - es una forma en que la gente común y corriente pueda nuevamente tomar control de sus vidas, de alcanza y coger ese anillo de oro conocido mundialmente como El Sueño Americano.

Gracias al concepto de La Mina de Oro en el hogar, las personas trabajadoras pueden ubicarse para ganar un ingreso parcial o una fortuna de por vida... ADEMÁS, en el proceso, pueden ser dueños de sus propias vidas y tener el control de sus destinos.

Al aplicar las simples pero poderosas estrategias encontradas en este libro, tú también puedes tomar el control de tus finanzas... tomar control de tu futuro... y tomar control de tu vida.

Entonces, ¿cuánto dinero quisieras ganar, *de todos modos*? ¿Unos dos mil dólares al año? ¿Diez mil? ¿Cien mil? ¿Aun más? Sin importar cuales fueren tus sueños financieros y tus metas, el concepto de La Mina de Oro en el hogar puede servir como palanca para lograrlos. Millones de personas a través del mundo entero ya lo están haciendo.

¿Y tú? ¿Por qué no?

Después de todo, es tu hogar, *de todos modos*.

Tienes que mantener tu hogar, *de todos modos*.

Así que, en vista de que estás gastando tu dinero, *de todos modos*, el siguiente paso que tienes que tomar es obvio - empezar a cambiar tus gastos del hogar... ¡y tornarlos en una Mina de ORO!

# Primera parte

# Asegurando tu derecho a la mina de oro

*La gente exitosa ve lo obvio. La gente exitosa va a lo seguro en vez de perseguir castillos en el cielo, el dinero fácil, o tratar de enriquecerse de la noche a la mañana, como por los juegos de apuesta.*

# Capítulo 1

# ¡Increíble!
# ¡Hay oro sobre esos estantes!

*Al igual que los buscadores de oro en California por el año 1849, menos del 1% de la población logra la riqueza en un casino o enjuiciando a otro.*

*Sin embargo, el 100% de la población gasta cientos y aun miles de dólares al mes en productos necesarios para la casa, creando así una tremenda oportunidad para la gente que tenga visión para ver lo obvio.*

# 1

## ¡Increíble!
## ¡Hay oro sobre esos estantes!

*"Rápido y fácil" casi nunca es*
*rápido y nunca resulta fácil.*

—**Mark Twain**

—Lo he descubierto, —anunció James Marshall a los trabajadores que construían un aserradero cerca de Sacramento, California, un día despejado en noviembre del 1847.

—¿Qué descubriste? —preguntó un trabajador perplejo, llamado William Scott.

—Oro, —contestó Marshall.

—¡No puede ser! —dijo Scott.

—Tengo la certeza que no es otra cosa, —replicó Marshall.

Quien adivinaría que esa conversación tranquila entre unos cuantos hombres rudos, faltos de educación, tratando de sobrevivir en un territorio poco poblado más de 2.000 millas al occidente de St. Louis, (que en ese entonces era el tope de avance de la civilización americana) sería la semilla que brotó la fiebre del oro en California, que llegó a ser el movimiento migratorio más grande de seres humanos desde las Cruzadas de la Edad Media.

Atraídos por visiones del dinero fácil, miles de esperanzados llegaban al área de San Francisco cada semana.

Llegaron a caballo, en veleros, en buques a vapor, en vagones jalados por caballos, y carretas jaladas por bueyes. Llegaron en mulas y algunos, como último recurso, a pie.

Para el año 1853 hubieron más de 250.000 personas que habían emigrado hacia San Francisco gracias a la fiebre del oro que cundió por el mundo como un virus llevado por el viento. Ciudades de carpas surgieron de la noche a la mañana y en pocos meses la pequeña y poco conocida ciudad de San Francisco se había convertido en una metrópolis mundialmente conocida.

## ¡O California, o nada!

¿Qué tan contagiosa fue la fiebre del oro? Horas después de que un periódico de San Francisco imprimiera en la primera plana el titular, "¡ORO! ¡ORO! ¡ORO!" tuvo que cerrarse debido a que todos los empleados de dicha empresa se fueron en busca del mentado oro. Semanas después del descubrimiento del oro, dueños de negocios se vieron obligados a cuadruplicar los sueldos de sus empleados para evitar que dejaron sus empleos. La bahía de San Francisco estaba casi innavegable debido a que centenares de barcos habían sido abandonados por sus tripulantes que saltaron al agua para irse en busca de oro.

Los rumores acerca del descubrimiento de oro resultaron ser ciertos, aunque las historias de quienes se habían hecho millonarios de la noche a la mañana eran por lo general gran exageración. Al decir verdad, de los 250.000 mineros que llegaron para prospectar, apenas unos pocos miles tuvieron la suerte de descubrir pepitas de oro, con un valor de $50 hasta $500 al día de causales de los ríos esparcidos por el valle de Sacramento.

Pero por cada minero suertudo que logró hacer su fortuna, hubieron 100 mineros de mala suerte que murieron de las epidemias que plagaron los campamentos antihigiénicos donde vivían los mineros. Y por cada minero que logró lo suficiente para poder comprarse un negocio o hacerse de un rancho, mil mineros perdieron sus ganancias en las cantinas jugando cartas con tramposos, derrochando lo que quedaba en whisky comprado a precio escandaloso.

Cuando las cosas se calmaron después de la fiebre del oro, la mayoría de los mineros dejaron sus asentamientos con nada más que espaldas adoloridas y manos ampolladas. Tristemente, para la mayoría de los mineros el grito de, "¡O California o nada!" ¡resultó dejándolos sin nada!

## Los comerciantes eran los verdaderos ganadores de la fiebre del oro

La mayoría de los mineros se vieron vencidos después de su intento de hacerse ricos de la noche a la mañana, pero no se puede decir lo mismo de los comerciantes quienes les vendía productos y servicios —¡ellos sí se hicieron super ricos!

Sam Brannon fue el primer negociante en reconocer que se podía hacer más dinero aprovisionando a los mineros que en cernir miles de kilos de grava y lodo en busca de una onza de oro. Brannon era dueño de una tienda de abarrotes en Sacramento. Cuando corrió la voz que se había descubierto el oro, Brannon compró una bolsa de polvo de oro y se fue para San Francisco, donde se paseaba de arriba para abajo de las calles más transitadas, meneado el oro por encima de su cabeza y en alta voz gritando, "¡ORO descubierto cerca de Sacramento!"

En pocos días, cientos de hombres acudieron a la tienda de Brannon para aprovisionarse de lo necesario para prospectar. Compraron picotas, palas, ollas, sartenes, ropa, carpas, frasadas, velas, café, botas, jabón, y mucho más. No tardó mucho para que la tienda de Brannon vendiera muy por encima de cualquier cateador o minero de los miles que se asentaron en el Valle de Sacramento. Durante los mejores años del inicio de la fiebre del oro, la tienda de Brannon

---

denominada General Merchandise Store, vendía un valor de $5.000 de mercancía a diario (un equivalente por lo menos de $50.000 en nuestros tiempos) por lo que un colega comerciante de Sacramento llegó a decir de él, "Brannon es dueño de una de las fortunas más seguras de California. Tiene todo lo que necesita la gente y cobra lo que el mercado está dispuesto a pagar."

## Reconocer lo obvio

¿Qué lección podemos aprender de un comerciante próspero y los miles de mineros decepcionados? Sencillamente lo siguiente: *Las personas exitosas reconocen lo obvio.* Las personas exitosas van tras lo seguro, en vez de correr tras una fantasía para hacerse rico de la noche a la mañana, como minar por oro o tratar de ganar la lotería.

Durante la fiebre del oro, fue obvio a Sam Brannon y los otros comerciantes que la verdadera mina de oro no se encontraba en las montañas ni en los causales de los ríos alrededor de Sacramento sino en los negocios que proveían lo requerido por los mineros. Y porque tomaron ventaja de lo obvio, Brannon y sus colegas se hicieron más ricos de lo que podían imaginarse.

Lo mismo se puede decir de hoy como de aquel tiempo de la fiebre del oro que sucedió en California —las personas exitosas reconocen lo obvio y se ubican para beneficiarse de ello. En 1849, aun los mineros mismos reconocieron que pocos de ellos encontrarían fortuna. Sin embargo, era obvio que el 100% de los mineros necesitarían comprar herramientas y artículos de primera necesidad esenciales para realizar su asentamiento. ¿Por qué, entonces, tanta gente fue tras la oferta de 'uno-en-un-millón en enriquecerse de la noche a la mañana' cuando delante de sus narices había una oportunidad que garantizaba el éxito al 100%? Porque el brillo del oro les cegó a no poder reconocer lo obvio.

Hoy, la oferta de enriquecerse de la noche a la mañana no

está en los campos de oro de California sino más bien en algo que me gusta llamar "Las Tres L's" —Las Vegas, la Lotería, y los Litigios en las cortes. Como aprenderá en el siguiente capítulo, más y más gente está tratando de enriquecerse con las tres "L's". Pero, al igual que los cateadores del 1849, menos del 1% de la población logra la prosperidad en un casino o corte legal, pero el 100% de la población gasta cientos y aun miles de dólares al mes invirtiendo en artículos de primera necesidad y del hogar, creando una tremenda oportunidad para las personas que tienen la habilidad de reconocer lo obvio.

## Delante de sus narices

¿Alguna vez ha escuchado el chiste de las dos rubias paradas en orillas opuestas de un río? La primera le grita a la otra, "¡Oye! ¿Cómo puedo llegar al otro lado?" La otra mira río arriba y río abajo, se rasca la cabeza y contesta, "¡Pero si ESTÁS al otro lado del río!"

Así me siento cuando trato de explicar el concepto de Mina de Oro en el hogar —la gente no necesita viajar al otro lado del río para minar oro. YA ESTÁ en el otro lado, y el oro está delante de su nariz, al alcance de sus manos. Lo único que tiene que hacer es abrir sus ojos y reconocer lo obvio —que su hogar está lleno de pepas de oro esperando ser minadas.

El concepto detrás de La Mina de Oro en el hogar me hace recuerdo de la historia bien conocida de Russell Conwell en su libro, "Acres de Diamantes". La historia, supuestamente verídica, cuenta lo siguiente: un humilde agricultor en África pasa toda su vida viajando por todo el continente en busca de diamantes. Regresa a casa pobre y desgastado y muere sin haber descubierto ni siquiera un sólo diamante.

Cuando un pastor religioso visita a la familia doliente para ofrecer su condolencia, observa una piedra cristalina de buen tamaño sobre la repisa de la chimenea. Indaga su procedencia, y la viuda le informa que la propiedad está llena de estas piedras raras. El pastor entonces le informa que dicha piedra con aspecto raro es un diamante, que significaba entonces que la familia vivía sobre "acres de diamantes."

Del mismo modo, cuando estás en tu casa, estás sentado sobre acres de oro —una mina de oro. Desafortunadamente, la mayoría de la gente, al igual que el humilde agricultor africano, cree que la única forma de lograr riqueza es viajando a algún lugar glamoroso para apostar (como Las Vegas) o viajar a la tienda del barrio para comprar un boleto y jugar en el juego de la suerte, de 'uno-en-mil-millones' (como jugar la lotería.)

Antes de que te muestre como puedes minar tu Mina de Oro en el hogar, quisiera tomar un momento para explicarte por qué la mentalidad de 'enriquecerse de la noche a la mañana', que comenzó hace 150 años atrás con la Fiebre del Oro de California, aún perdura y con fuerza...y por qué está desviando a cientos de miles de personas cada año de poder realizar sus sueños.

Miremos la siguiente página para descubrir por qué digo que la mentalidad de 'ganar a lo grande' de la época de La Fiebre de Oro tan evidente hoy en día es en realidad el oro falso que engaña a tantos mineros.

# Capítulo 2

# ¿Estás apostándole al sueño americano?

*Lo que hicieron los del 1849 fue dejar un legado de 'suerte' al mundo. Desafortunadamente, ese legado no ha fenecido a través de los últimos 150 años. Sólo se ha fortalecido.*

*Por consiguiente, hoy decenas de millones de personas que deberían ser más prudentes, están apostándole al sueño americano con las tres "L's" —Las Vegas, La Lotería, y los Litigios.*

# 2

## ¿Estás apostándole al sueño americano?

*"En una tarde perdí $10.000*
*en carreras de caballos y gasté*
*10 años y un millón de dólares*
*tratando de recuperarlos."*

—**Mickey Rooney**
*Actor*

Si la historia se asemeja a una estupenda explosión, la Fiebre del Oro de California apenas fue un petardo, que duró solo 5 años de principio a fin. Sin embargo, asombrosamente, el eco de esos explosivos años no ha disminuido con el tiempo sino que sigue aumentando con cada generación.

Y ¿por qué?

Es algo irónico que el impacto a largo plazo de la Fiebre del Oro no fue en la economía sino en la cultura, porque así como la picota del minero quiebra la piedra, la Fiebre del Oro quebró el paradigma de cómo se logra la prosperidad.

Es que, antes de la Fiebre del Oro, la gente tenía la mentalidad de que uno se tomaba toda una vida para crear prosperidad. Y tenían razón —requería años de ardua labor para construir una finca o rancho próspero. Pero después de la Fiebre del Oro, la gente empezó a creer que se podía crear verdadera prosperidad en un sólo instante de buena fortuna, en vez de añales de laborioso trabajo.

En su libro fascinante, La edad del oro: La fiebre del oro y el sueño americano, el historiador H.W. Brands propone la teoría de que la Fiebre del Oro fue uno de esos eventos raros y seminales de la historia que desencadenó un cambio sísmico la cosmovisión de la gente común.

"La Fiebre del Oro cambió la manera en que los americanos consideraran sus destinos. Logrando alcanzar riqueza de la noche a la mañana muy pronto transformó la ética tradicional puritánica de arduo trabajo y la acumulación gradual de riqueza. Posterior a la Fiebre del Oro, nació un Nuevo Sueño Americano —la convicción perdurable de que la prosperidad instantánea era posible para quienquisiera y que la audacia y la suerte eran de igual importancia que la firmeza y la frugalidad."

## Dejando a otros un legado de suerte

La observación de H.W. Brands dio en el clavo —la Fiebre del Oro cambió para siempre la noción de la gente de lo que se requería para poder obtener su tajada del pastel del Sueño Americano. Sólo unos cuantos mineros lograron la prosperidad. Sin embargo, la gran oleada de publicidad que fue generado por aquel minero raro que descubrió el tesoro escondido inundó el país, purgando el sentido común de la mente de la gente mientras regaba su avaricia. Así fue que la Fiebre del Oro forzó una puerta para que la mentalidad de enriquecerse de la noche a la mañana tomara raíz en la consciencia americana.

Lo que hicieron los mineros del 1849 fue dejar al mundo un legado de suerte. Desafortunadamente, ese legado no ha fenecido a través de los últimos 150 años. Sólo se ha fortalecido. Por consiguiente, hoy decenas de millones de personas que deberían ser más prudentes, están apostándole al sueño americano con las tres "L's" —Las Vegas, La Lotería, y los Litigios.

Amigos, no cometan el mismo error que cometieron aquellos individuos del 1849, caso contrario terminarán como terminó la gran mayoría de ellos, ¡desesperados, desilusionados, y en quiebra! Los mineros del 1849 optaron por avocarse al plan de enriquecerse de la noche a la mañana —y la mayoría terminaron en quiebra. Pero los comerciantes que fueron astutos y sabios, se avocaron al plan sabio e inteligente —y terminaron muy prósperos.

Sí, es cierto que alguien tiene que ganar la lotería. Pero, las probabilidades de que seas tú, son ínfimas. Así que deja de engañarte. Deja ya de derrochar tu dinero en lo que yo llamo "el sueño americano de no trabajar." Y en vez de eso, empieza a hacer lo que se requiere para alcanzar el verdadero sueño americano — empieza a buscar oportunidades reales y comprobadas así como lo hicieron los comerciantes de la época de la Fiebre del Oro.

## El verdadero sueño americano vs el nuevo sueño americano

Ahora, antes de iniciar nuestra discusión acerca del 'sueño americano de no-trabajar' permíteme aclarar lo que realmente significa el verdadero sueño americano. Cuando me refiero al sueño americano, no estoy hablando de fronteras o límites geográficos de los Estados Unidos de América. Durante de último siglo, el sueño americano ha sido exportado a cada país del mundo libre.

Sí, el sueño americano nació gracias a la Revolución Americana y nutrido por el concepto de libre empresa. Pero a través de los más de 200 últimos años el sueño americano ha sido adoptado por cada continente en el planeta y ha tocado los corazones de millones de millones de personas hasta que hoy, el sueño americano se puede considerar un sueno americano mundial. Dondequiera que existe gente libre, y libre comercio uno va a encontrar personas esforzándose para realizar su propia versión del verdadero sueño americano.

Entonces, la pregunta que hay que hacer es: ¿Cómo puede la gente lograr el sueño americano? Antes de la Fiebre del Oro, todos estaban de acuerdo de que la única forma de lograr el sueño americano era ganarlo de la manera de siempre, con arduo trabajo, disciplina, sacrificio y perseverancia. Sí, hay mucha gente que aún vive según estos valores al perseguir su propio sueño americano.

Desafortunadamente, la Fiebre del Oro fomentó un nuevo paradigma de enriquecerse de la noche a la mañana que está reemplazando con ímpetu el planteamiento de éxito a base del carácter reconocido desde la antigüedad. ¡Y lo peor de todo es que la entidad mayormente responsable de incentivar y promover este nuevo paradigma de no trabajar, es el propio gobierno de los Estados Unidos!

## El gobierno engrasa la cuesta resbalosa

Los fundamentos del 'sueño americano de no trabajar' son Las Tres L's —Las Vegas, La Lotería, y los Litigios. Cada una de estas letras representa un paraíso para un haragán— grandes ganancias sin tener que trabajar o invertir. Lo triste es que Las Tres L's están creciendo al igual que bambú en la selva tropical —¡y el propio gobierno es el que lo cultiva!

En los años 1970's los juegos al azar estaban prohibidos en los 50 estados con excepción de Nevada y New Jersey. Hoy, se han legalizado estos juegos en 28 estados, genera entre $60 y $70 mil millones de dólares anuales y tiene una taza de crecimiento del 10% anual. Ignorando por conveniencia los hogares destruidos, las quiebras, y otros males sociales atribuidos a este vicio de apuestas, docenas de estados hambrientos de ganancias mal habidas están animando a los indígenas nativos americanos a abrir más casinos (en vez de fomentar y desarrollar economías verdaderas) a fin de que estos estados puedan embolsillarse el dinero generado de los impuestos.

Al momento de escribir este libro, existen 87 grupos de indígenas nativos americanos que operan empresas de juegos al azar en 23 estados, dando empleo a decenas de miles de trabajadores y generando casi $10 mil millones de ingresos anuales. ¡Hoy, los casinos en las reservas indígenas generan más ingresos que las ciudades de Las Vegas y Atlantic City combinadas!

Gracias a la visión corta de nuestros políticos, la apuesta legalizada es LA MAYOR industria en crecimiento en todos los Estados Unidos. Hoy el 90% de los hogares americanos viven a menos de dos horas de viaje a un casino. Con razón, entonces, que los americanos gasta más de $25 mil millones de dólares en casinos, y esta cifra va en crecimiento por un 10% anual.

Sí, señores, las apuestas son un negocio muy grande y está creciendo aun más.

Cuando uno suma los $25 mil millones gastados en juegos de azar en los casinos, a casi $40 mil millones gastados en la compra de boletos de la lotería, juntos suman un total de $65 mil millones de dólares gastados en apuestas ¡EN UN AÑO!

¡Eso es MUCHO dinero, señores! Comparemos lo que gastan los americanos en las apuestas, con otros gastos significantes del hogar:

| Muestra de Gastos Hogareños | |
| --- | --- |
| **Gastos** | **Total Gastado** |
| APUESTAS (lotería y casinos) | $65,000,000,000 |
| Computadoras - aparatos y programas | $55,000,000,000 |
| Muebles y ropa de cama | $48,000,000,000 |
| Artículos deportivos | $35,000,000,000 |
| Artículos de cocina y hogar | $32,000,000,000 |
| TVs, VCRs, DVDs, y cámaras | $20,000,000,000 |

Es realmente asombroso pensar que los americanos gastan más en apuestas que en computadoras y gastan tres veces más en apuestas que en televisores, VCRs y reproductores de DVDs. ¿Les parece increíble? Pues es cierto. Y sólo se va a empeorar por el hecho de que cada día más personas suben al tren del 'sueño americano de no-trabajar.'

## Litigios: 'La lotería' vestida en traje de tres piezas

Las loterías y Las Vegas aumentan en popularidad, ¡pero no son nada a comparación de su hermano mayor, Litigio! Según Lord Levene, presidente de Lloyds of London Insurance (Compañía de Seguros Lloyd de Londres,) el costo del sistema americano de agravios ha incrementado un 100 por ciento en los últimos 50 años, y está por alcanzar la suma de $300 mil millones anuales. Continúa diciendo que el costo de los litigios en los Estados Unidos es equivalente a un 5% de impuesto sobre el sueldo de cada trabajador.

"Los litigios causan una increíble fuga de dinero del sistema económico de los Estados Unidos," dice Levene, "porque a las compañías aseguradoras no les queda más que recuperar esos gastos en las franquicias de sus asegurados."

Causa gracia la idiotez de la gente que en verdad cree que tienen la posibilidad de lograr la probabilidad de uno en millones de ganar la lotería. Sin embargo, los ganadores del Concurso 'sueño americano de no-trabajar' son los casos de demandas frívolas.

Cuatro casos que me causan gracia son los siguientes:

- Un californiano enjuició a la biblioteca pública local por la suma de $1.5 millones de dólares porque decía que había sufrido "angustia mental significativa, duradera, extremada y severa además de angustia emocional" luego de que el gato mascota de la biblioteca (que pesaba como 10 libras,) atacó su perro 'labrador retriever' (que pesaba como 50 libras.)
- Cuatro jóvenes señoritas obesas del Bronx en New

York enjuiciaron a McDonalds por causar su obesidad y consecuente problemas de salud, argumentando que McDonalds estaba engañando a sus clientes acerca de los peligros de sus productos y erró en no poner a la vista de manera prominente la información nutricional.

- Una mujer de Illinois enjuició a McDonalds, Wal-Mart, una fábrica de tazas y aun a su propia madre después de quemarse el tobillo cuando la taza de café de McDonalds se cayera del soporte de tazas para autos comprado en Wal-Mart, mientras andaba en el auto de su madre.

- Un hombre de Florida enjuició a seis tabernas y licorerías además de la compañía eléctrica porque había sufrido quemaduras al agarrarse de cables de suministro de corriente al subirse a una torre en estado de ebriedad. A pesar de que para realizarlo tenía que haberse saltado por una cerca y una reja con candado para poder llegar hasta las líneas de alta tensión.

La única cosa más ridícula que estas demandas son los abogados que están dispuestos a tomarlos. ¿Por qué será que la gente plantea litigios tan absurdos? Por una razón y una sola —¡algunas veces ganan! ¡Y lo peor de todo es que los premios que otorgan los jurados están en aumento! Con razón la ciudad de New York tiene un presupuesto de $30 millones de dólares anuales para resolver litigios derivados de accidentes ocurridos en propiedades y aceras de la ciudad.

## Deje de apostar con sus sueños

Amigo, ¿se da cuenta de la manera en que la Fiebre del Oro preparó el escenario para dejar de creer en el paradigma de ser 'sabio y perseverante' para crear prosperidad al paradigma de 'lo rápido y fácil'? Ya sea por los litigios, los juegos de apuestas legalizadas, o las loterías, millones de personas en el mundo entero están tirando el dado apostando su sueño americano.

¡Noticia de última hora! —no tiene por qué perder su

sueño en apuestas. ¿Por qué salir de su casa en busca de oro cuando vive diariamente sobre una mina de oro ahí mismo en su casa? O sea, ¡reconoce lo obvio!

Para los comerciantes de la época de la Fiebre del Oro era obvio que prospectar para encontrar oro era demasiado riesgoso, así como los juegos al azar, podríamos decir. Y fue de igual modo obvio para los comerciantes que distribuir a los hogares productos domésticos esenciales era de bajo riesgo pero con alta rentabilidad que sólo suele sucederse una vez en la vida. Así que ellos optaron por comercializar productos hogareños en lugar de apostar en los campos de oro —y se enriquecieron por reconocer lo obvio.

Lo mismo ocurre el día de hoy. Es obvio que cuando se trata de apuestas en los juegos de azar, son muy pocos los ganadores y son MUCHOS los perdedores. Es obvio que las únicas personas que consistentemente hacen dinero en Las Vegas y las loterías son los dueños de los casinos y el Tesoro Estatal.

Así que, ¡Reconoce lo obvio!

Es obvio que usted (y todo el resto del mundo) necesita gastar cientos por no decir miles de dólares al mes para mantener su hogar.

Es obvio que los hogares representan patrimonio neto al igual que las casas mismas.

Es obvio que es más sabio y menos riesgoso levantar un negocio con 'dinero-de-todos-modos' que sobre 'el dinero adicional'.

Y es obvio que en vista de que usted y el resto del mundo necesitan comprar productos y servicios para su hogar, 'de-todos-modos', es una cosa de sentido común que mantenga parte de ese dinero en su hogar, donde corresponde.

¿Qué podría ser más obvio que eso?

Cuando por fin usted ve lo obvio, lo que verá es que su hogar está lleno de pepas de oro esperando ser minadas. Así que veamos la siguiente página para ver cuánto realmente valen esos vetas de oro en su hogar.

# Capítulo 3

# Riqueza Sigilosa: Descubriendo el oro oculto en tu hogar

*El total de la economía de los Estados Unidos asciende a alrededor de los $10 billones de dólares al año. Cerca de 120 millones de hogares en los Estados Unidos gastan más de $1 billón cada año en productos y servicios del hogar. Esto significa que más del 10% de la economía total de $10 billones se gasta en La Mina de Oro en el hogar.*

# 3

# Riqueza Sigilosa: Descubriendo el oro oculto en tu hogar

*Riqueza no es lo mismo que ingresos. Si tienes un buen ingreso anual pero te lo gastas todo, entonces no estás enriqueciéndote. Sólo tratas de vivir como rico. Riqueza es lo que acumulas, no lo que gastas.*

—**Thomas J. Stanley & William D Danko**
*autores de "El vecino millonario"*

A ver si puedes adivinar este acertijo: ¿Qué es tan grande como una casa, vuela como un pájaro, pero es invisible? ¿Te rindes?

La respuesta es una nave militar que se llama el bombardero "Stealth".

Originalmente asignado el nombre de 'B2', recibió el apodo de 'Stealth' (Sigilo) porque no podía ser detectado por radares enemigos. Las superficies irregulares del bombardero 'Stealth' fueron diseñadas para desviar al espacio las ondas de radar en vez de rebotarlas al plato del radar emisor. Por consiguiente, aunque el bombardero 'Stealth' sea del tamaño de una casa, es invisible para los radares.

Ahora, a ver si puedes resolver otro acertijo similar al del anterior.

¿Qué llena a una casa, tiene un valor de decenas de miles de dólares, pero es invisible?

La respuesta es 'Riqueza Sigilosa'.

El valor del patrimonio de compras al por menor —o sea, todos los productos y servicios que comprados al detal— es así como el bombardero 'Stealth', es grande al igual que una casa, pero es "invisible" a la mayoría de la gente porque no pueden registrarlo en su 'radar mental'. Y como resultado, aunque la gente OBSERVA las posesiones de su hogar cada día, no VEN la riqueza sigilosa en esas posesiones.

Es por eso que llamo al patrimonio de compras al por menor: Riqueza Sigilosa. Es real. Es enorme. Pero la gente no puede verlo con su anticuado radar mental. Y si no reconocen la riqueza innata en los productos a su alrededor, jamás podrán aprovechar su valor desapercibido, ¿no es cierto?

## Para mejorar tus fianzas, mejora tu radar mental

Yogi Berra, jugador reconocido en el Salón de Fama de béisbol y famoso por sus dichos aparentemente sin sentido, dijo una vez, "Uno puede ver bastante solo por mirar."

Irónicamente, Yogi tiene razón — tienes que *mirar* para poder *ver* y tienes que actualizar tu radar mental anticuado abriendo tu mente a nuevas formas de ver las mismas cosas de siempre. Una vez que reemplazas tu anticuado radar mental con un radar actualizado que puede detectar riqueza sigilosa, entonces podrás ver inmediatamente que cada ambiente de tu casa está lleno de oro hogareño.

Para ilustrar lo que quiero decir, revisemos el cuarto más pequeño de tu casa —la lavandería— para ver la riqueza sigilosa que ignoras todos los días sin darte cuenta. Entra conmigo al abrir la puerta de tu lavandería para identificar algunos productos que representan una mina de oro en los estantes del gabinete: detergente, líquido de pre-lavado, suavizante líquido para lavado, suavizante en tela para secado, cloro para blanquear, líquido quitamanchas, almidón en aerosol, limpiador multiuso, y otras botellas atomizadoras.

Eso básicamente resume lo que encuentro yo en mi lavandería. ¿Y tú? Pues ahora, tomemos un minuto para calcular el valor potencial del patrimonio en compras al detal que contiene únicamente este pequeño cuarto de tu casa.

Empecemos con el detergente para lavar ropa, que es lo más básico de cada lavandería. Según la Asociación de Jabones y Detergentes (Soap and Detergent Association - SDA), un promedio de hogares lava casi 10 cargadas de ropa en la lavadora por semana con un promedio de $0.25 centavos de dólar de detergente por cada cargada. Eso suma $2.50 por semana o $10 por mes, sólo por consumo de detergente.

## Cómo una pequeña carga de ropa puede tornarse en una carga enorme de dinero

Ahora, a primera vista, el gastar $120 dólares al año en detergente para lavar la ropa no parece ser mucho dinero. Pero, ¡esto es un solo producto en una sola casa! Cuando sumas el gasto que hacen todos los hogares americanos, esa suma de $10 mensuales para lavar la ropa implica que los americanos gastan $5.000.000.000 dólares al año, ¡solamente en la compra de detergente para lavar la ropa!

Deja que esa cifra de $5 mil millones se compenetre en tu mente. Mil millones es igual a $1.000.000.000. Esto significa que los americanos de los Estados Unidos, (que apenas representan el 6% de la población del mundo,) ¡gastan cinco... mil... millones... de dólares... siempre... y cada... año... en UN SOLO PRODUCTO!

Ahora, sigamos un paso más. Una lavandería doméstica promedio contiene por lo menos 8 productos diferentes, y todos tienen que ser abastecidos periódicamente. Según la Asociación de Jabones y Detergentes (Soap and Detergent Association - SDA), los americanos en Estados Unidos gastan otros $6.000.000.000 dólares en cloro para blanquear la ropa, pre-tratamientos, suavizantes, y almidón. Con razón la compañía Procter & Gamble, el fabricante más grande del mundo de productos para el hogar y el cuidado personal, vende $42.000.000.000 dólares al año (y sus ventas mundiales no parecen disminuir.)

¿Ahora puedes ver el brillo del oro que hay en la mina de oro en tu hogar?

## Tomemos el tour de La Riqueza Sigilosa

Tomemos el tiempo para realizar un tour de tu hogar, ambiente por ambiente a fin de que te des cuenta del patrimonio escondido en los roperos, estantería y aun los pisos de tu casa. Empecemos entonces, por los cuartos más amplios: la sala y el comedor.

### Sala de estar y el comedor

Párate en medio de tu sala y date la vuelta en un círculo. ¿Qué observas? Muebles... televisor... VCR y DVD... estéreo... estantes... cortinas... mesas... manteles... sillas... pisos... jarras... canastas... fuentes... velas... teléfonos... cristal... lámparas... relojes... marcos de cuadros y álbumes de fotos.

Y, ¿qué del comedor? ¿Qué observas ahí? Mesa de comedor... sillas... candelero... vitrina... y cuadros para decorar las paredes. Ahora, pasemos a los dormitorios.

### Los dormitorios

Fíjate en tantas cosas que tienes en tus dormitorios que compraste de las tiendas que venden al por menor: camas... colchones... cubrecamas... mesas de noche... sábanas...

tocadores... almohadas... cobijas... espejos... estantes... velas... y posiblemente un televisor (el promedio en los Estados Unidos es de 3 televisores por cada hogar.)

Abre las puertas de los roperos y verás aun más riqueza sigilosa: vestidos... faldas... carteras... zapatos... tenis... botas... pantuflas... sacos... camisas... pantalones... y colgadores demás.

Y no te olvides de abrir tu joyero: pulseras... anillos... aretes... brazaletes... broches... y collares variados.

### El baño

Ahora, vayamos a observar lo que hay en el baño principal. Mira todos esos productos en el armario del baño: vitaminas... suplementos nutricionales... productos para perder peso...calmantes... productos de terapia magnética... y suplementos para aumento de energía. ¿Y qué de todo lo que se encuentra encima del tocador? Jabón... cepillos... peines... pasta dentífrica... cepillos de dientes... desodorantes... colonia... crema de afeitar... champú... y crema para estilizar el cabello.

Y luego de eso, veamos las gavetas del tocador. Lápiz labial... rubor... maquillaje de base... humectante... cremas para el cuerpo... crema limpiadora... rímel... sombra para los ojos... esmalte... crema de noche... espumante para la tina... y bloqueador solar.

¡Ah! Y casi nos olvidamos de revisar debajo del lavamanos para encontrar papel higiénico... artículos de limpieza... enjuague bucal... tenaza de pelo... y secadora de pelo.

### La cocina

¿Por dónde empezamos en la cocina? ¿Qué tal por la despensa? Encontramos barras energizantes... bocaditos... cereales... recipientes herméticos... trapeador... escoba... enlatados... ollas y sartenes... y alimento para la mascota. En el gabinete de la cocina encontramos vajilla... fuentes... vasos...

tazas... cubiertos... mezcladora... moldes para hornear... y procesador de alimentos.

Sobre el mesón vemos una tostadora... una cafetera... una licuadora... y un juego de cuchillos. No podemos obviar los electrodomésticos como ser el refrigerador... la cocina... el microondas... y lavador de trastes... además de la trituradora de desperdicios... y el purificador de agua.

¡Ah! Y casi se nos fue revisar debajo del lavaplatos para encontrar detergente lavavajillas... detergente para el lavador de trastes... limpiador multiuso... jabón... guantes de latex... limpiador de pisos... limpiador de vidrios... y desodorante ambiental.

### El garaje

Ya que estamos revisando toda la casa, por qué no echarle una miradita al garaje. Podemos encontrar aceite para el auto...aditivo para la gasolina...abridor de la puerta del garage...herramientas... pisos para el auto... limpiador y cera para el auto... limpiador del interior de auto... limpiador de alquitrán... y protector de vinil.

He listado más de cien productos distintos que se me vinieron a la cabeza y eso no incluye servicios domésticos y personales como ser el servicio de llamadas a larga distancia... el servicio de teléfono celular... el servicio de Internet... el servicio de seguridad para la casa... los servicios de tarjeta de crédito... aun los servicios de viaje y seguros, sólo por mencionar algunos. Es increíble cuanta riqueza sigilosa puede acumular un hogar a través del tiempo, ¿no cierto?

Sumando todo lo que tienes en tu casa, ¿cuánto crees que has gastado comprando todos los productos y servicios que usas en tu hogar? ¿$5.000? ¿$10.000? ¿$25.000? ¿o más? Para poder responder esa pregunta, considera las siguientes estadísticas de un hogar promedio en los Estados Unidos:

**Cuadro promedio del hogar estadounidense***

- $50.000 ingreso bruto anual
- 2.225 pie² tamaño de casa promedio
  (el doble de tamaño de hace 40 años)
- el gasto promedio es $37.000 por año
- 75% del $37.000 son gastos necesarios
  (vivienda, autos, salud y comida)
- 25% del $37.000 son gastos variables
  ($9.250 anual equivale a $770 mensual)

*\* estadísticas del Dept de Trabajo del gobierno EEUU*

Lo que demuestra este cuadro es que después de que la familia cubre los gastos fijos mensuales como son la amortización del auto y la casa, gastos en comida y visitas al médico, les queda como $9.250 al año para gastar entre papá, mamá y los hijos.

¿Y qué es lo que compran? Mayormente productos y servicios domésticos.

Ahora piensa en esto —hemos establecido que al igual que las casas, los hogares también representan patrimonio, ¿no cierto? Y acabamos de establecer que la familia promedio gasta $9.250 en productos y servicios cada año. Lo que significa que cada hogar en Estados Unidos contiene un potencial de patrimonio adquirible esperando ser minado.

## Promedio de gastos en La Mina de Oro en hogares estadounidenses

*etcétera*

# ¿Por qué dejas que otros se beneficien de tu Patrimonio?

Cuando vas a la tienda a comprar tus productos esenciales del mes por el valor de $9.250, en realidad estás permitiendo que otro se aproveche del patrimonio de tu hogar, ¿no es cierto? Pero si te posicionas correctamente, TÚ puedes beneficiarte del patrimonio de tu propio hogar, y ADEMÁS, ¡puedes beneficiarte del patrimonio de cientos de millones de hogares en el mundo entero! ¡Ese es el poder de La Mina de Oro en el hogar!

Cuando consideras que existen casi 120 millones de hogares sólo en los Estados Unidos. Multiplica 120 millones de hogares por los $9.250 por hogar y el resultado astronómico es el siguiente: los estadounidenses gastan $1.110.000.000 (eso es mil ciento diez mil millones de dólares, por si acaso no te diste cuenta) CADA AÑO en productos y servicios de La Mina de Oro en sus hogares.

## Oportunidad de $1.110.000.000

120 millones de hogares gastan $9.250 al año

*etcétera*

# ¿No es tiempo que aproveches esta millonaria oportunidad?

Últimamente, se escucha bastante la expresión 'miles de millones' y hasta es difícil comprender realmente el valor de esa cifra, así que, permíteme ponerlo en perspectiva. Un millardo representa mil millones. Un billón representa un millón de millones.

El total de la economía estadounidense suma alrededor de $10 billones al año. Esto significa que más del 10% de la economía total de $10 billones se gasta en La Mina de Oro en el hogar.

¡Y eso sólo representa UN AÑO! ¡Y UN SOLO PAÍS!

¡Increíble!

La mina de oro más productiva del mundo ni la mina de diamantes más grande del mundo produce NI CERCA, ese monto de ingresos. En efecto, cada hogar es como una mina de oro esperando que tú solicites el derecho de minarlo.

¿Será que ahora te das cuenta del potencial de La Mina de Oro en el hogar? De eso se trata La Mina de Oro en el hogar —un sistema con el cual tú puedes apropiarte del patrimonio disponible de millones de hogares a través del mundo entero. Y lo mejor de todo es que sólo unos cuantos se han dado cuenta que están sentados sobre una mina de oro. Son como el agricultor en la historia de Acres de Diamantes —corriendo tras diamantes cuando sus mismas casas están llenas de oro.

Tu tarea es concientizar a las personas de sus Minas de Oro y ayudarles a empezar a minar su *Dinero de Todos Modos*. A cambio de tu ayuda, recibirás un porcentaje de las compras de productos esenciales del hogar que realizan mensualmente. ¿Acaso no es un caso de Gana-Gana para todos?

## Sé amigo de las tendencias

Lo cierto es que casi cada producto o servicio enfocado al hogar puede ser minado para obtener la riqueza sigilosa, pero hay dos megatendencias que están creando dos vetas especialmente prósperas de Oro en el hogar. Las dos megatendencias son: envejecimiento de la población, y malos hábitos alimenticios, que producen la obesidad y deterioro de la salud física.

Estas dos megatendencias no han pasado desapercibidas a la productora gigante Proctor & Gamble, que va posicionándose para beneficiarse en el futuro al perseguir el mercado de salud y belleza de manera marcada. Bruce Horovitz de *USA Today d*ice lo siguiente: "Para P&G, el futuro parece tener que ver en cómo se ven y sienten los consumidores."

Por consecuencia, P&G está dedicada a adquirir compañías que producen marcas de productos de renombre de salud y belleza. Entre sus más recientes adquisiciones están las marcas relacionadas con el pelo de Vidal Sassoon,

Pantene, y Clairol, además de las marcas Noxzema, Cover Girl, y Max Factor en el tema de la belleza. P&G investiga las posibilidades de hacer adquisiciones de fabricantes de productos fármacos y suplementos nutricionales.

¿Qué implica para ti este apetito de P&G en compañías de salud y belleza? Sencillamente esto: cuando la empresa más grande del mundo en productos domésticos empieza a gastar miles de millones en la adquisición de marcas que tienen que ver con salud y belleza, está mandando un mensaje fuerte y claro. El mensaje es el siguiente: Aunque cada producto en tu hogar contiene Riqueza Sigilosa, los productos relacionados con salud y belleza están destinados a ser los PRODUCTOS DOMINANTES en las décadas venideras.

Veamos rápidamente los hechos que respaldan estas dos megatendencias que afectan la producción de productos.

## Pronóstico de Productos de Belleza

Hoy en día la gente vive más años y tienen menos hijos, razón por la cual las naciones industrializadas más importantes incluyendo Japón y Europa Occidental, están ajustándose a una población en envejecimiento. Debido al 'bum' de nacimientos de niños después de la Segunda Guerra Mundial, los Estados Unidos lleva la delantera hacia 'un mundo gris' con 10.000 ciudadanos diarios cumpliendo los 50 años de edad. Dentro de 30 años uno de cada cinco estadounidenses —70 millones de personas— tendrán 65 o más años de edad.

¿Qué significa eso en cuanto a productos esenciales para el hogar? Primeramente, significa un mercado estable y creciente para productos de belleza, tanto en el mercado local como mundial. A medida que la población envejece, tanto hombres como mujeres comprarán más productos para la piel que combaten los efectos de la edad como son las cremas humectantes... los bloqueadores del sol... los reductores de arrugas... los limpiadores... las mascarillas...

y las lociones para el cuerpo. Habrá mucha demanda para productos cosméticos especializados y blanqueadores de dientes, al igual que champús para el pelo, que limpian, colorean y dan volumen.

## Pronóstico de Productos de Salud y Bienestar

La gente enfrenta mayores retos de salud al envejecerse. Esto es una mala noticia para los cientos de millones de personas muy cerca de la tercera edad pero buenas noticias para las compañías que producen y distribuyen productos de salud y bienestar.

Es obvio que las compañías farmacéuticas se beneficiarán enormemente de un mundo con más canas. Estadísticas demuestran que la gente mayor de 65 años gasta cuatro veces más en tratar de mantenerse saludables, que sus menores.

Todos vivimos agradecidos de vivir en un tiempo en que la medicina moderna puede curar tantas enfermedades que nos afectan. Pero seamos realistas, lo único para poder curar una enfermedad con fármacos modernos es el poder prevenir la enfermedad. ¿Pero cómo se hace eso? Complementando nuestra dieta con vitaminas y minerales. Cuando tomas 'nutracéuticos' (un nuevo término acuñado que se refiere a suplementos alimenticios compuestos de elementos naturales) puedes ayudar a proteger tu cuerpo de enfermedades prevenibles incluyendo las tres mortales —enfermedades cardiacas, cánceres, y embolias.

Por ejemplo, varias compañías farmacéuticas venden bajo receta médica medicamentos que reducen el colesterol. Estas drogas ayudan a prevenir ataques al corazón, pero como ya sabes, los medicamentos recetados so muy caros (y representan grandes ganancias para las compañías farmacéuticas.) Pero muchos estudios indican que las dietas concentradas en ciertas frutas y vegetales con contenido bajo de grasa son igualmente efectivas en bajar el colesterol como los medicamentos recetados. Esto significa que se podría reducir en gran parte las muertes causadas por enfermedades cardiacas (700.000 personas mueren al año solamente en los EE.UU.) si es que la gente cambiaría su dieta de comida chatarra por más fruta fresca y vegetales.

Pero vayamos al grano —rara es la persona que va a empezar a cultivar vegetales en su patio y a consumir espinaca para su desayuno. La mayoría, especialmente los estadounidenses, les gusta su comida al instante con toda su grasa y esa realidad no ha de cambiar. A decir verdad, la mayoría no va a dejar de comer su pizza y sus sodas para comer tofu y leche de soya. Pero sí, la mayoría está dispuesta a complementar sus dietas con nutracéuticos que previenen enfermedades.

## Tremendo negocio y sigue creciendo

¿Qué tan grande es la industria de salud y bienestar? En el año 2004 los norteamericanos gastaron $75 mil millones en vitaminas y suplementos nutricionales. El mundialmente famoso economista y autor exitoso Paul Pilzer, predice que la industria del bienestar crecerá de $75 mil millones a $1 billón para el año 2010. Imagínate, en la siguiente década los estadounidenses gastarán la suma de $1 billón de dólares complementando sus dietas con lo de siempre, vitaminas y minerales, pero además, con nutracéuticos basados en investigaciones serias, diseñados a maximizar su condición física saludable. He aquí algunos de los nutracéuticos destinados a ser productos esenciales para el hogar en los meses y años venideros: licuados y barras nutricionales... maximizadores de energía... potenciadores del sistema inmunológico... reductores de sarro... fortalecedores de los huesos... hormonas para el crecimiento humano... digestivos ricos en fibra... mejoradores de la memoria...

tonificadores musculares... calmantes para el dolor de las articulaciones... todos ellos regados por el diario tomar de megadosis de agua filtrada.

Además, barras de comida enriquecidas con nutracéuticos y supresores del apetito completamente natural y totalmente seguro permitirán a millones de estadounidenses a perder peso no deseado y mantener su peso ideal.

## Pague ahora o pague después

Quizá seas una de esas personas que cree que comer una dieta balanceada es lo único que hay que hacer para mantenerse saludable. O tal vez seas uno de eso escépticos que dice que prefiere confiar en su médico familiar en algún 'nutracéutico-lo-que-sea'. Está bien. Eso depende de ti. Pero considera esto, cada año 100 millones de personas visitan consultorios médicos para el tratamiento de síntomas de resfrío o gripe. Los doctores prescriben antibióticos para un 33% de esas consultas —a pesar de que los resfriados y las gripes son causadas por virus y los antibióticos no tienen ningún efecto sobre los virus.

¿Cuál de estos escenarios tiene más sentido?

¿Contagiarse de gripe y gastar dinero en una consulta médica para que te recete un producto farmacéutico carísimo que no hace absolutamente nada para aliviar tus síntomas o curarte de tu enfermedad?

O, a cambio, complementar tu dieta con nutracéuticos que fortifiquen tu sistema inmunológico para evitar el contagio.

La respuesta es obvia, ¿no cierto?

Una vez más, hay que reconocer lo obvio.

Porque al reconocer lo obvio...verás el futuro.

# Segunda parte

# Siendo más astutos que los aprovechadores

*A pesar del cierre de cadenas de comercios respetadas como son el Woolworth y el Montgomery Ward, el comercio de ventas al por menor sigue siendo el modelo dominante para distribuir productos y servicios a los clientes.*

# Capítulo 4

# ¡Salve, ventas al por menor!

*Cuando compras algo al por menor, estás permitiendo que extraños te quiten el dinero de TU casa, e inviertan en la de ELLOS.*

*En efecto, cuando sales a comprar de los comercios de ventas al por menor, por voluntad y decisión tuya, estás abriendo la puerta a la Mina de Oro en tu hogar e invitando a otro a que pase y lo mine.*

# 4

# ¡Salve, ventas al por menor!

*Las ventas al por menor han
sido descritas como quien vende
artículos que no regresan a
personas que sí regresan.*

**—Tom Farmer**

Y bueno. Hasta el momento hemos establecido que tu hogar está lleno de productos ricos en riqueza sigilosa, partiendo del detergente para lavar la ropa hasta los muebles de tu sala, y los nutracéuticos sobre el mesón de tu cocina.

Ahora, ¿de dónde crees que la mayoría de la gente conseguirá todos esos productos almacenados en los estantes de su lavandería o su gabinete de baño?

De los comerciantes revendedores, por supuesto.

Y ¿de dónde viene eso que llamamos 'al detalle' o 'al por menor'? La palabra raíz proviene del francés *'tailler'*, que quiere decir 'fraccionar' o 'cortar en pedazos'. Con el tiempo, la palabra tomó el sentido de vender productos en cantidades pequeñas (vender un 'corte de queso' o un 'corte de res' a un cliente a la vez.) Y aunque la forma de vender al por menor se ha usado por siglos, aún sigue siendo la forma predominante para distribuir productos y servicios a clientes.

## De Woolworth a Wal-Mart

Durante la mayor parte de la historia documentada, las

ventas al por menor eran negocios a cargo de parejas y sus familias. Hasta finales de los 1800, carritos de empuje y tiendas pequeñas en sobre las calles eran las formas que dominaban el mercado de ventas al por menor. Pero en 1879, F. W. Woolworth desarrolló un concepto de ventas al detalle que denominó "La tienda de 5 y 10 centavos". Desde entonces, la forma de vender al detalle nunca ha sido la misma. Esta es la historia fascinante de un empresario emprendedor que obtuvo su fortuna con monedas de 5 y 10 centavos.

Al finalizar los 1870s, las tiendas de ventas al por menor del Medio Oeste de EE.UU. se ingeniaron una táctica nueva para atraer a la gente a sus tiendas —la mesa de artículos de 5 centavos. Los dueños de las tiendas minoristas reunían toda la mercancía que no se vendía y lo exhibían en una mesa de '5 centavos'. Los clientes venían a las tiendas para ver qué había por sólo 5 centavos, pero se quedaban a comprar otros artículos al precio normal. Por consiguiente, el dueño minorista se deshacía de mercadería pasada que no se vendía e incrementaba ventas del resto de sus productos en la tienda.

Un joven de 21 años llamado Frank Winfield Woolworth, que trabajaba por un sueldo mínimo en una tienda de abarrotes en Middleton, New York, se dio cuenta muy pronto que los artículos en la mesa de 5 centavos se vendían como pan caliente cada día. Con la ayuda de familiares y amigos, Woolworth abrió su primera tienda de '5 y 10 centavos'. Fue un éxito de la noche a la mañana.

Si el joven Woolworth hubiera sido un minorista típico de esos tiempos su historia hubiera terminado ahí. Hubiera administrado con éxito una sola tienda y llegado a ser otro comerciante próspero.

Pero Woolworth era visionario y ambicioso. Se dio cuenta de que si su primera tienda ubicada en la localidad de Lancaster, Pennsylvania resultó exitosa, podría ser exitoso en cualquier lugar. Así que, Woolworth tomó la decisión osada de llevar su concepto de ventas de 5 y 10 centavos y montar tiendas a través de los EE.UU. creando F.W. Woolworth & Cia., la primera cadena de tiendas de descuento.

Para el año 1916 cada población en los EE.UU. con una población de más de 8.000 personas tenía su tienda de Woolworths y en enero del 1918 Woolworth abrió su milésima tienda en la Fifth Avenue en New York City.

F.W. Woolworth & Cia. fue el pionero en descuentos al detalle. Las tiendas Woolworth sobrevivieron hasta mediados de los 90s cuando la compañía se vio obligada a cerrar sus restantes 400 negocios en radios urbanos donde se ubicaban las tiendas de Woolworth, porque la mayoría de la población para entonces se habían mudado para los suburbios. Y en esos suburbios era donde otro negocio de tiendas de descuento llamado Wal-Mart estaba creciendo rápidamente al igual que Woolworth lo había hecho durante la primera mitad del siglo XX.

## Venta al detalle sigue siendo Rey

Las ventas al detallen ha pasado por muchos cambios desde que F.W. Woolworth abrió su milésima tienda hace casi 90 años. A pesar del cierre de veneradas cadenas de tiendas de descuento como son Woolworths y Montgomery Ward, el negocio de vender al detalle sigue siendo el modelo dominante de negocio para distribuir productos y servicios a clientes. Cuando todo quede dicho y hecho, el comercio de ventas al detalle se mantendrá caliente y saludable y al decir verdad, está aquí para quedarse.

He aquí algunas estadísticas asombrosas para verificar lo saludable que se encuentra el comercio de ventas al detalle:

- Las ventas al detalle suman $7 billones de dólares mundialmente cada año
- Las ventas al detalle generan el 25% del producto nacional bruto de 6 países destacados —Japón, Alemania,

Reino Unido, Francia, Italia y los EE.UU.

• En la China, las ventas al detalle constituyen el 36% de los ingresos anuales del país, mientras que en la India la cifra asombrosa es del 47%

En cuanto se refiere a cifras de empleo en el sector de ventas al detalle, China lideriza al mundo con cerca de 50 millones trabajando en este comercio. La India sigue en el segundo lugar con 23 millones de empleados trabajando en 2.5 millones de negocios de ventas al por menor, (pero los EE.UU. lleva la delantera en el mundo en cuanto al porcentaje de personas empleadas en ventas al detalle, ya que el 20% de todos los empleos se hallan en este sector.)

Sí, la venta al detalle, como cualquier industria en el mundo ha pasado por cambios dramáticos en los últimos 100 años, evolucionando de individuos vendiendo productos por las calles, empujando carritos de ruedas, hasta llegar a lo que tenemos hoy, cuando hay millones de sitios de Web en el espacio cibernético. Pero sin importar la forma que toma, la forma de vender productos y servicios al detalle está bien enraizado y representa una porción enorme de la economía mundial.

## Quizá seas dueño de tu casa, pero ¿quién es dueño de tu hogar?

Tomemos un minuto para repasar lo que ya hemos establecido.

Hemos establecido que el negocio de ventas al por menor representa una industria que genera $7 billones de dólares al año mundialmente.

Hemos establecido que el patrimonio más grande que tiene la familia normal es lo que tienen invertido en sus hogares.

Y además, hemos establecido que los hogares representan patrimonio al igual que las viviendas mismas.

Quizá seas dueño de tu propia casa.

Pero, ¿quién es el propietario de tu hogar?

Reflexiona un momento. Como dueño de casa, te beneficias del patrimonio de tu casa o condominio. ¿Pero alguna vez has pensado en quién se beneficia del patrimonio de los productos y servicios que se hallan en tu casa?

Son los comercios que venden al detalle.

Cuando gastas tu dinero en una tienda, ya sea en un centro comercial o por el Internet, ya sea en una boutique lujosa o una tienda rústica del fábricante, estás permitiendo que los comerciantes de ventas al detalle se aprovechen del patrimonio de tu hogar.

¡Piénsalo! Cuando compras en tiendas de minoristas, estás permitiendo que extraños saquen el dinero del patrimonio de tu hogar y abonen al patrimonio de los hogares de ellos. Cuando compras al detalle, voluntariamente abres la puerta de la Mina de Oro en tu hogar e invitas a otro a entrar para minarla.

¿Qué estás haciendo? Jamás invitarías a un banquero a tu casa para minar el patrimonio de tu vivienda, ¿o sí? ¡Por supuesto que no! Así que, ¿por qué invitas a los minoristas a minar el patrimonio que hay en tu hogar? ¡Eso es locura!

Amigo, ¡estás ignorando lo obvio! Es obvio que el patrimonio DENTRO de tu casa es una oportunidad para crear riqueza o las tiendas minoristas no estarían tan ansiosas de que compres los productos domésticos de ellos, ¿no te parece? O sea, ¡no puede ser más obvio que eso!

Pero en vez de aprovechar de la oportunidad de explotar la Mina de Oro en tu hogar para ti mismo, estás cediendo esa oportunidad a otros, a extraños. ¿Cómo puede ser posible? ¿No puedes reconocer lo obvio? ¿Acaso no puedes reconocer que TÚ debes de ser la persona que mine tu Mina de Oro en tu hogar y no un revendedor minorista que ni conoces ni te interesa conocer?

La sencilla verdad es que mientras el patrimonio de tu vivienda está acrecentándose modestamente para ti y tu familia al pasar el tiempo, el patrimonio de tu hogar está convirtiendo a unos cuantos extraños en personas asombrosamente ricos.

Volteamos la página para descubrir quienes se están enriqueciendo más que el Rey Midas al minar la Mina de Oro de tu hogar, ¡y delante de tu propia nariz!

# Capítulo 5

# ¡La conversión del mundo a Wal-Mart!

*Jamás pensarías en ir a Wal-Mart a pedirles que se adueñen del patrimonio de tu hogar, ¿no cierto?*

*Sin embargo, cuando se presenta la necesidad de comprar productos y servicios, millones de personas se suben a sus autos y van al Wal-Mart más cercano a fin de que la familia Walton puedan minar el patrimonio de la Mina de Oro en sus hogares.*

*¿No es tiempo que reconoces lo obvio y ya no permitas que ni ellos ni otros minen tu Mina de Oro?*

# 5

## ¡La conversión del mundo a Wal-Mart!

*Le seguía diciendo, "Sam,
estamos ganando muy bien.
¿Por qué salir? ¿Por qué seguir
expandiéndonos? Las tiendas
ahora quedan cada vez más
distantes." Pero después de abrir
la decimoséptima tienda me di
cuenta de que no había manera
de detenerlo.*

—**Helen Walton**
*esposa de Sam Walton, fundador de Wal-Mart*

Seguramente ya sabías que Wal-Mart es una empresa enorme. Pero te apuesto que no sabías CUAN grande es —¡o cuan rápido aún sigue creciendo!

Los hechos cuentan las historia de la ballena Wal-Mart.

Cada semana, cerca de 100 millones de compradores pasean por los pasillos de alguna tienda de Wal-Mart —ocho veces más que la gente que vuela por todas las aerolíneas estadounidenses combinadas, cada semana. Las ventas típicas de un día promedio de Wal-Mart excede el ingreso bruto nacional de 36 países. Con ventas cerca de $250 mil millones, esta empresa es la más grande del mundo en cuanto a generar ingresos —generando mucho más que los líderes perennes como la General Motors o la Exxon Mobil.

Wal-Mart es también el mayor empleador privado en el mundo, empleando 1.5 millones de personas (y creciendo aun más.) Lo cierto es que hay más gente trabajando para Wal-Mart que vestidos en uniforme del Ejército de los EE.UU. La empresa mantiene una flota aérea de 20 aviones para el uso de gerencia general para mantener contacto estrecho con las 3.600 tiendas nacionales y las 1.200 tiendas internacionales en nueve países desde Brazil hasta la China.

¿Aún no estás convencido de que Wal-Mart reina en el mundo de los minoristas? Escucha esto. Wal-Mart es el comercializador más grande de videos y DVDs, generando más ingresos para Hollywood que los mismos teatros.

Además, la Wal-Mart es el canal de mayor distribución para Disney, Procter & Gamble, Kraft, Revlon, sopas Campbell, y Gillette, así como el comercializador más grande de víveres... de juguetes... diamantes... CDs... ropa... alimento para mascotas... detergentes... joyas... artículos deportivos... video juegos... calcetines... ropa de cama... y pasta de dientes, sin mencionar que es el más grande revelador de fotografías, el más grande oculista, el más grande consumidor de energía, y más grande desarrollador de bienes raíces.

¡Ah, y espera! ¡Hay más! Wal-Mart vende gasolina... entrega arreglos florales... hace reservas para vacaciones... ofrece su propio servicio de Internet... y está experimentando con vender autos usados. A decir verdad, hay muchos rumores de que la oficina central de Wal-Mart en Bentonville, Arkansas está en tratativas con los fabricantes de autos Sud Koreanos en cuanto a la posibilidad de fabricar una linea completa de camiones y automóviles para Wal-Mart.

Con todas estas cifras uno podría pensar que el

crecimiento de Wal-Mart tiene que decrecer, pero no es cierto. En 1992 cuando falleció el fundador Sam Walton, la empresa era el 20% de lo que es hoy en día y la compañía tiene propuesta incrementar su crecimiento en la siguiente década.

"¿Será que podemos ser dos veces más grandes de los que somos? pregunta el Presidente Ejecutivo, Lee Scott. "Por supuesto. ¿Creo que podríamos ser tres veces más grandes de lo que somos? Creo que sí."

Scott no habla al viento. La empresa tiene proyectado incrementar su crecimiento por un 15% anual al añadir a lo menos una nueva tienda por cada día del año por los siguientes 10 años. Actualmente, Wal-Mart se adueña del 8% de las ventas al detalle en los EE.UU. y siguiendo su presente tasa de crecimiento, para el 2010 Wal-Mart alcanzará los $1 billones de dólares en ventas anuales y dará empleo a 2.2 millones de personas, (siendo ya el empleador mayor en 21 estados dando empleo a 1 de cada 123 trabajadores estadounidenses y 1 en cada 20 personas que trabajan en ventas al detalle.) Visualice esto en su mente —cuando Wal-Mart llegue a $1 billón en ventas anuales en los próximos años, tendrá el control del 10% de la economía total de los EE.UU. de $10 billones anuales. ¿Qué le parece?

## ¿Por qué dar al Rey de ventas al detalle las llaves a tu Mina de Oro?

Antes de continuar, quiero aclarar que mi intención no es de criticar a Sam Walton y su familia, ni siquiera a Wal-Mart, por el tremendo éxito que han tenido. Más bien, les felicito. La historia de Wal-Mart es una de las historias de fundar empresa de mayor éxito en el ámbito de los negocios. Son los más grandes y los mejores en lo que hacen.

Pero lo que Wal-Mart hace es explotar y lucrarse de la Mina de Oro que existe en el hogar de la gente. Wal-Mart es a la industria de ventas al detalle como McDonalds es a la industria alimenticia de las comidas rápidas —es más que un negocio, es un ícono. Y lo que ese ícono representa para mí es la idiotez de la gente en invitar a una tienda de ventas al detalle a minar el tesoro que existe en el patrimonio de su hogar.

O sea, yo pienso que es irónico que la gente voluntariamente permita que un vendedor minorista pequeño mine su Mina de Oro en el hogar, y mucho más irónico que dejen a un super gigante como Wal-Mart. Al fin y al cabo, no es que el Wal-Mart y los Waltons necesiten más dinero. (¡Pero les garantizo que la gran mayoría de la gente que compra de Wal-Mart SÍ necesitan más dinero, y cómo lo necesitan!)

Mi intención no es de criticar al Wal-Mart o cualquier otro vendedor al detalle por tomar lo que la gente les da. Solamente quedo asombrado que más gente no aborda el tren de la Mina de Oro en el hogar para mantener más dinero en sus hogares, en vez de dárselo a los comerciantes minoristas.

## ¿Quién se está enriqueciendo del Wal-Mart?

Y bueno, si Wal-Mart está destinado a ser la primera empresa del mundo en ganar un billón de dólares al año, ¿quién se está enriqueciendo de este increíble éxito? Lo cierto que no son los empleados comunes de la empresa. El ingreso anual promedio de los empleados de Wal-Mart está entre los $12.000 a $15.000 al año, menos que la mitad del promedio nacional. Ni siquiera son los casi 5.000 gerentes de tiendas que ganan un promedio anual de $40.000 a $50.000 al año.

Como siempre, los que realmente ganan de este negocio son los jefes. Pero, ¿quiénes son ellos? Son los siguientes: Gerentes Regionales que ganan por encima de $250.000... Gerentes Generales que ganan hasta millones cada año...

y por último los accionistas principales, dirigidos por los cinco herederos de Sam Walton.

Antes de morir, Walton estableció con la familia una sociedad llamada Walton Enterprises que controla el 38% de las acciones de Wal-Mart. La viuda de Walton, Helen, y sus cuatro hijos comparten esas acciones por partes iguales. ¿Y cómo traducen esas acciones en cifras redondas? Cerca de 20 mil millones cada uno, con el margen de error de unos cientos de millones más o menos.

Por el hecho de que cada heredero tiene derecho igual al 38% de las acciones de Wal-Mart, cada uno de los 5 está empatado por el cuarto lugar en la lista de la revista Forbes de las 500 personas más ricas del mundo. La verdad es que si el padre, Sam, estuviera vivo aún, su valor personal sería a lo menos $100 mil millones de dólares, que llegaría siendo el doble del valor de Bill Gates, el actual líder de personas más ricas en el mundo.

Para darles una idea del valor neto de la familia Walton, los 5 herederos aprobaron la venta de 16 millones de acciones de la compañía a fin de recaudar fondos para una obra de caridad de la familia. La venta generó $800 millones de dólares para dicha beneficencia. ¿Cuánto afectó la venta de esa 16 millones de acciones al valor neto de los Walton? ¡Menos del 1%! Eso es lo que llamaría yo independencia financiera, escribiéndolo con mayúsculas, ¡INDEPENDENCIA!

## La moraleja de esta historia

Seguramente estás pensando, "La familia Walton es una familia muy rica, ¿y qué? ¿Eso que tiene que ver conmigo?

Bastante.

Dos preguntas vienen de inmediato a la mente en cuanto a la riqueza de los Walton. La primera, ¿Te has preguntado de QUÉ manera se hicieron ricos los Walton? y la segunda, ¿Por qué será que la gente sale de sus caminos para hacer a los Walton aun más prósperos cuando de hecho ya son absurdamente prósperos? Analicemos estas preguntas una por una.

En primer lugar, ¿Cómo es que los Walton llegaron a ser tan ricos? Haciendo precisamente lo que hicieron los comerciantes de aquél tiempo de la Fiebre del oro al distribuir productos y servicios esenciales del hogar a un mercado animado y creciente.

Como dije al inicio de este libro, la distribución de productos esenciales para el hogar no es algo glamorosa que le hace a uno rico de la noche a la mañana. Es mucho más glamoroso encontrar una veta de oro o ganar la lotería.

Pero Sam Walton entendió el potencial de la Mina de Oro en el hogar y el valor del esfuerzo-persistente-y-constante y durante los 30 años entre 1962 y 1992 distribuyó a través de su cadena de tiendas suficientes productos para llegar a ser el hombre más rico del mundo.

¿Será que minar la Mina de Oro en el hogar es fácil? ¡NO! Pero se ha comprobado que es rentable? ¡SÍ! ¡SÍ! ¡SÍ!

## ¿A quién prefieres enriquecer, a la familia Walton o a tu propia familia?

Ahora, veamos la segunda pregunta, ¿Por qué será que la gente sale de sus caminos para hacer a los Walton aun más prósperos cuando de hecho ya son absurdamente prósperos? La gente dice que compra en la Wal-Mart para "ahorrar" dinero. Pero, como indica el Dr. Bill Quain en su obra clásica *El poderío de ser prosumidor*, cuando alguien compra un producto de $10 dólares al 40% de descuento, no ahorran $4 dólares, ¡gastan $6!

Sí, es cierto que quizá hayan gastado menos al comprar en Wal-Mart pero queda hecho que cuando alguien compra un producto por $6 dólares de Wal-Mart, ¡el consumidor es $6 más pobre mientras que la Wal-Mart es $6 más rico! O sea, el ingreso de Wal-Mart depende de tu egreso, y cuando eso sucede la familia Walton se hace más rica y tu familia se hace más pobre.

Mira. Cuando tú corres a la Wal-Mart a gastar tu dinero que has ganado con el sudor de tu frente, estás facilitándoles a adueñarse de tu hogar, ¿no cierto?

Sí, tal vez tú seas dueño de tu casa.

Pero la Wal-Mart se ha adueñado de lo que hay en tu hogar.

Y la Wal-Mart se ha adueñado de los hogares de tus familiares.

Y la Wal-Mart se ha adueñado de los hogares de tus amigos.

Y la Wal-Mart se ha adueñado de los hogares de los amigos de tus amigos.

La verdad es que la ballena insaciable de Wal-Mart sigue tragándose más y más hogares de manera alarmante. Y lo que realmente entristece es que la gente se pone a la fila voluntariamente a las puertas principales de las Wal-Mart a nivel mundial por el privilegio de tener sus Minas de Oro de sus hogares explotadas por la Ballena Wal-Mart.

¿Qué hay de malo con este cuadro?

## Lo malo de este cuadro y cómo corregirlo

Lo malo de este cuadro es que los consumidores están ignorando lo obvio (al igual que los mineros prospectores de antaño lo hicieron) ¡mientras que Wal-Mart y miles de otros comerciantes al detalle reconocen lo obvio! Y lo obvio es que los hogares son Minas de Oro porque representan patrimonio, al igual que las viviendas.

A nadie se le ocurre ir a Wal-Mart a pedir que se coman el patrimonio de su casa, ¿no cierto? Eso sería una locura — nadie en sus cinco sentidos haría eso.

Sin embargo, cuando llega el momento de tener que abastecerse de insumos y renovar servicios, millones de personas se suben a sus autos y van directo al Wal-Mart más cercano a fin de que la familia Walton pueda minar el patrimonio que hay en la Mina de Oro en sus hogares.

¿No crees que ya es hora de reconocer lo obvio y sacar a Wal-Mart y los demás comerciantes al detalle de tu Mina de Oro en tu hogar?

¿No te das cuenta? Los comerciantes al detalle son como los que se adjudicaban de terrenos para minar, en los tiempos pasados de la Fiebre del Oro —y tú tienes todo el derecho legal del mundo de recuperar tu patrimonio.

¿Tú formaste tu hogar, no cierto?

Tú tienes el derecho moral y legal de adjudicarte del patrimonio que hay en tu hogar, ¿o no?

Ahora es el tiempo de recuperar la Mina de Oro que hay en tu hogar para ti y tu familia. Es tiempo de oponerte y echar fuera a los que quieren adjudicarse del patrimonio tuyo. El gobierno te dio el derecho de minar tu propia Mina de Oro en tu hogar, así que, ¡Hazlo! ¡Mínalo!

Agarra tu pala y picota y sígueme a través de los siguientes dos capítulos y te mostraré la manera en que puedas convertir tus gastos del hogar en ingresos para tu hogar —y de paso hacerte dueño de tu propia vida.

## Capítulo 6

# La Mina de Oro en el hogar: Tu propio Wal-Mart, sin paredes

*La Mina de Oro en tu hogar es como ser dueño de tu propio Wal-Mart, sin las paredes —obtienes todos los beneficios de ser dueño de un Wal-Mart pero sin la sobrecarga de miles de millones de dólares en gastos administrativos.*

*Y es como ser dueño de tu propio Proctor & Gamble sin la 'apuesta' ('gamble' significa 'apuesta' en inglés) —tienes todos los beneficios de asociarte con un proveedor de productos al consumidor sin tener que correr el riesgo de que te retiren o te despidan.*

# 6

## La Mina de Oro en el hogar: Tu propio Wal-Mart, sin paredes

*No malgastes ni el tiempo ni el dinero, mas bien aprovecha los dos.*

—Benjamin Franklin

Si Wal-Mart es tan rentable, ¿por qué no hay más gente copiando su modelo de negociar? ¡Porque el costo de ingresar al mercado es astronómico! por eso. Muy pronto la Wal-Mart estará vendiendo $300 mil millones de mercadería al año. ¡Pero la compañía invierte $291 mil millones para poder hacer esas ventas!

Evidentemente la Wal-Mart es enorme. Y sigue creciendo. Pero así también crecen sus gastos generales. A fin de poder distribuir sus productos y servicios, la corporación Wal-Mart tiene que comprar tierras... construir almacenes tamaño de almacenes para aviones... provisionar las tiendas con productos de 30.000 proveedores... pagar los salarios y seguro médico de más de un millón de empleados... comprar, aprovisionar, y operar docenas de almacenes regionales tamaños de una ciudad... y producir avisos y comerciales para periódicos y emisoras de radio y televisión alrededor del mundo.

Nadie tiene el dinero para competir con Wal-Mart bajo

esas condiciones. (Ya lo intentó la K-Mart, y mientras esté escribiendo este libro están en pleno proceso legal de declararse en quiebra.) Pero, ¿qué si podrías ser dueño de un Wal-Mart sin las paredes?

O sea, ¿qué si podrías facilitar la distribución de productos y servicios como lo hace la Wal-Mart pero sin tener la sobrecarga de los tremendos gastos no relacionados directamente con los Costos de Venta y los Costos de Producción? Eso sí sería un concepto digno de considerar, ¿no le parece?

## Puedes hacer casi todo lo que puede hacer un minorista —¡pero mejor!

Acuérdate — mi propósito en escribir este libro es de enseñarte los beneficios de minar la Mina de Oro en tu hogar en vez de permitir que lo hagan los comerciantes que venden al detalle. Así que, se supone que la primera cosa que tienes que hacer es botar a los minoristas de tu Mina de Oro en tu hogar a fin de que TÚ puedas minar el patrimonio en vez de ellos, ¿no es cierto?

Entonces, sígueme mientras te pinto un escenario en el cual tú retiras a los minoristas del tren de distribución, haciendo que TÚ, y no otro, mines tu Mina de Oro en tu hogar. ¡Ahí vamos!

¿Has pensado en lo que en realidad hace un vendedor al detalle? La mayoría de la gente contestaría que un vendedor al detalle vende cosas. Pero a decir verdad, la mayoría de los vendedores ni saben de lo que es vender. Generalmente cuando entras en una tienda para comprar lo esencial para tu hogar, tú mismo te convenciste en el producto que vas a comprar. Tú ya sabes que producto vas a comprar. Tú vas a las tiendas que venden al detalle porque ellos te pueden proveer de los productos y servicios que necesitas, no porque necesitas que algún empleado te venda algo.

Así que, en efecto los vendedores sirven de intermediarios

entre los fabricantes y tú. Considera esos intermediarios como los adjudicadores de terrenos que se están beneficiando del oro en la mina de tu hogar. Necesitas sacar a esa gente del cuadro a fin de que tú te beneficies de las ganancias en vez de ellos.

Ahora, ¿cómo sería si tú podrías tratar directamente con el productor o proveedor en vez de tener que manejar a una tienda (o aunque sea comprar de ellos por el Internet) para comprar lo que necesitas para tu hogar? ¿Sería eso una buena cosa? ¡Por supuesto que sí!

Y ¿qué si tuvieras un arreglo con el proveedor en el cual ellos almacenaran todos los productos que adquirieras de ellos? ¿Sería eso una buena cosa? ¡Por supuesto que sí!

Y ¿qué si el proveedor te diera descuentos y reembolsos en todos los productos que adquirieras de ellos? ¿Sería una buena cosa? ¡Por supuesto que sí!

Y ¿qué si el proveedor te compensara por compartir con otros el concepto de la Mina de Oro en el hogar pagándote bonos y comisiones de todos los productos y servicios que otros hogares compraran? ¿Sería una buena cosa? ¡Por supuesto que sí!

Pues todo lo bueno que acabo de describirte es un vistazo general de la forma en que la Mina de Oro en el hogar funciona. Minando la Mina de Oro en tu hogar es así como ser dueño de tu propia Wal-Mart, sin paredes —te beneficias de ser propietario de un Wal-Mart pero sin la carga de miles de millones de dólares en gastos administrativos. Y es como ser dueño de un Proctor & Gamble —te beneficias de asociarte con un proveedor de productos al consumidor sin el riesgo de que te despidan o te den de baja. ¿Sería una buena cosa? ¡Por supuesto que sí!

## 'Dinero de todos modos', y no 'dinero adicional'

Ahora, lo bueno de minar la Mina de Oro en el hogar es que se trata del *dinero de todos modos* y no de *dinero adicional*.

Muchos de los productos y servicios que forman parte de tu patrimonio en el hogar, son artículos de consumo, que significa que OBLIGADAMENTE hay que reponerlos cada cuando. Muchos de los productos y servicios que constituyen tu patrimonio en la Mina de Oro en tu hogar son consumibles, que tienes que reabastecer con regularidad, y se consideran gastos '*de todos modos*'. O sea, tienes que comprarlos *de todos modos*. Literalmente, cientos de artículos esenciales para el hogar no son opcionales —¡son necesarios!

Los productos de limpieza no son opcionales, ¡son necesarios!

Los productos de salud y belleza nos son opcionales, ¡son necesarios!

Los productos nutricionales no son opcionales en nuestro mundo de comidas rápidas, ¡son necesarios!

Y la lista de productos necesarios sigue y sigue.

Por necesidad cada hogar tiene que gastar cientos y hasta miles de dólares semanalmente y mensualmente sólo para reabastecerse de los consumibles. Lo que significa que las vetas más ricas en la Mina de Oro en tu hogar son los productos y servicios que tienes que comprar, *de todos modos*.

A diferencia de los negocios tradicionales que requieren bastante Dinero Adicional antes de que el dueño puede empezar a percibir ganancias, la Mina de Oro en el hogar se basa casi enteramente en el *Dinero de Todos Modos*. Por ejemplo, supongamos que quieres abrir tu propia tienda de ventas al detalle. Para poder reducir el riesgo, harías lo que la mayoría de dueños de negocios hace hoy en día, comprarías una franquicia. Fíjate en cuánto Dinero Adicional tendrías que reunir antes de vender tu primer producto a tu primer cliente. Tendrías que pagar el valor de la franquicia... arrendar un local... invertir sumas fuertes en el inventario... promocionar tu nuevo negocio... y pagar sueldos de empleados.

Cuando sumas todos tus gastos de arranque, ¡el Dinero Adicional que necesitarías para tener y operar tu propia franquicia suma cientos de miles de dólares! ¡Oye! Eso es mucho Dinero Adicional que hay que conseguir ¡y después de todo no tienes ninguna garantía de que tu negocio tendrá éxito!

¡Gracias, pero NO GRACIAS!

Sin embargo, con el concepto de minar La Mina de Oro en el hogar, es todo lo opuesto. La Mina de Oro en el hogar requiero lo mínimo de Dinero Adicional pero está diseñado para sacar el máximo provecho del *Dinero de Todos Modos*. Siendo que hay que comprar *de todos modos* productos esenciales para el hogar, no estás obligado a sacar de tu cuenta de ahorros para empezar a mina La Mina de Oro en tu hogar.

Y eso es lo que hace que La Mina de Oro en el hogar sea una oportunidad tan tremenda —las desventajas son pocas, ¡las ventajas son enormes! Por eso digo que La Mina de Oro en el hogar es como tener tu propio Wal-Mart sin las paredes —disfrutas los beneficios de un Wal-Mart pero sin el enorme peso de los gastos administrativos. ¿Qué podría ser mejor que eso?

## Elige tu nivel de participación

A diferencia de los negocios tradicionales que requieren de mucho Dinero Adicional, el concepto de La Mina de Oro en el hogar no te sobrecarga económicamente. Si eres dueño de una franquicia no puedes tratarlo con ligereza —¡a no ser que quieres perder tu negocio! Los dueños de franquicias no pueden ir y venir como quieran... no tienen el derecho de fijar sus horas de trabajo... no pueden cambiar su horario debido a una emergencia en la familia. ¡Dueños de franquicias y negocios tradicionales sí o sí tienen que trabajar DURO seis días a la semana o pueden terminar perdiendo sus camisas!

Pero con el concepto de La Mina de Oro en el hogar, tú eres

dueño de tu propio negocio —¡el negocio no es dueño de ti! Esto significa que tú puedes elegir tu nivel de participación con el cual estás cómodo.

Con el concepto de La Mina de Oro en el hogar, básicamente hay tres niveles de participación de los cuales puedes elegir el mejor para ti. El primer escenario es el Plan de Reembolso. Tu eliges comprar directamente del proveedor o fabricante y recibir beneficio en forma de descuento o reembolso.

El segundo escenario es el Plan de Flujo de Caja. En este plan tu creas un flujo de caja al construir una base de clientes que compran al por menor y/o al compartir el concepto de La Mina de Oro en el hogar con otros que quieren ser parte, y así ganas comisiones y bonos de los productos y servicios que ellos y sus clientes compran.

La tercera y última opción es el Plan de Vaca Lechera. En este plan tú actúas como servicio de referencia profesional de tiempo completo, compartiendo el concepto de La Mina de Oro en el hogar y luego enseñando y capacitando a otros para que ellos puedan compartir el concepto con otros y entrenarlos también, y así continúa el proceso. Mientras crece tu comunidad de consumidores, puedes ganar comisiones y bonos de TODAS las compras que realizan además de crear una *vaca lechera* para ti y tu familia.

## Entonces, ¿Cómo minas tu Mina de Oro en el hogar?

Si eres como la mayoría de la gente, te interesa más el Plan de Flujo de Dinero o el Plan de la Vaca Lechera, que el Plan de Reembolso de Dinero, y no te culpo.

Sí, estoy seguro que te gusta comprar con descuentos y ofertas de ocasión cuando sales de compras. Pero si eres como yo, tienes más interés en explorar las formas de diversificar tu flujo de ingresos y no tanto en ahorrar unos cuantos dólares comprando con descuento.

Y justamente por eso empecé a invertir en bienes raíces

que producen ingresos —mi deseo era de crear un flujo continuo residual que produjera un ingreso constante para mi hogar, sin importar que estuviera yo trabajando o no.

Y justamente es eso que vas a aprender en el siguiente capítulo —cómo minar la Mina de Oro en tu hogar y sacar el máximo provecho de ganancia.

De la misma manera como no se conformó Sam Walton de abrir únicamente una tienda, estoy seguro que tú tampoco te vas a conformar con minar una sola mina de un solo hogar. Así que, volteamos la página para ver la manera de cómo puedes minar no solamente la Mina de Oro en TÚ hogar, ¡sino una enorme cantidad de Minas de Oro por el mundo entero!

# Tercera parte

# Minando tu propio oro

*¿De qué tamaño es La Mina de Oro en el hogar? ¡Gigantesca —y creciendo!*

*Un análisis a lo ligero comprueba mi punto de vista. Multiplica 120 millones de hogares por los $9.250 dólares de ingresos disponibles por cada hogar, y obtienes un total de $1.1 billones de dólares por año, lo que se gasta mayormente en artículos de primera necesidad para el hogar.*

# Capítulo 7

# Como minar La Mina de Oro en el hogar

*Al posicionarte como representante del proveedor en vez ser un consumidor, te ubicas en un puesto para beneficiarte de las utilidades y GANAR DINERO, al igual que la Wal-Mart, en vez de GASTAR DINERO como lo hace un consumidor típico.*

*Posicionándote como representante del proveedor te empodera para convertir los productos y servicios de tu hogar en fuentes de ingresos en vez de gastos y en el proceso, te permite ser dueño de tu propia vida.*

# 7

# Como minar La Mina de Oro en el hogar

*No hay seguridad en este mundo.*
*Sólo hay oportunidad.*

—General **Douglas MacArthur**

Cuando tus hijos regresen a casa de la universidad y te dicen que van a cambiar de carrera para estudiar "Estudios Boca-a-Boca" no les regañes por alivianar su carga académica, sino más bien elógialos por tener la sabiduría de aprender sobre la estrategia comercial más poderosa del mundo: mercadeo por referencia.

Mercadeo por el boca a boca no es nada nuevo. Ya para los años 1950s los expertos en mercadotécnica decían que recomendación verbal resultaba ser el medio más efectivo para hacer que los consumidores prueben productos y servicios nuevos.

Pero ha sido sólo recientemente que los investigadores han tratado de medir con precisión la efectividad, ¿Y cuál sería su conclusión? Aunque no sea fácil medir con precisión la forma de influencia de 'boca-a-boca', sí se puede medir su efectividad. Y sin lugar a dudas, la comunicación de 'boca-a-boca' es la forma más efectiva de mercadeo. Nada se compara ni lo iguala.

Como prueba de ello, dos profesores asociados de Harvard y Yale que realizaron una investigación sobre el fenómeno de la publicidad boca-a-boca descubrieron que el 60% de consumidores europeos indicaron que miembros de familia o amigos les influenciaron para comprar una marca nueva, y que una recomendación personal por encima de todas fue la influencia primordial en cuanto a nuevos sitios de Web que la gente consultaba.

## El propósito de mercadeo

Ya sea que la forma de promocionar es boca-a-boca... o a través de mensajes publicitarios por televisión... o avisos publicitarios en la prensa, la meta de todo mercadeo es siempre la misma —crear una comunidad de consumidores. Cuando me refiero a 'comunidad' no estoy hablando de una vecindad o un pueblo. 'Comunidad' implica un grupo de personas de común sentir, con intereses, metas y valores comunes, sean personas en New York o New Delhi.

Por eso, cuando escuchamos frases como 'la comunidad cristiana' o 'la comunidad hispana' entendemos por ello que se refiere a personas que comparten creencias comunes y, como resultado, los integrantes de dichas comunidades son más propensos a comprar ciertos productos o servicios.

Comunidades de consumidores pueden ser parte de mercados nichos que numeran cientos de integrantes —como son los jugadores de ajedrez profesionales de nivel Grand Master. Como pueden ser marcados masivos numerando cientos de millones de integrantes —como los consumidores motivados por los descuentos ofrecidos por la Wal-Mart. Entonces, el propósito de mercadeo es indentificar y edificar una comunidad de consumidores para tus productos y servicios. Y, como hemos descubierto al inicio de este capítulo, la mejor manera de hacer eso es promocionar mediante boca-a-boca.

## ¿Y tú, en dónde encajas?

Así que, ¿en dónde encajas tú en todo esto de 'mercados',

'mercadeo' y 'patrimonio en el hogar'? Permíteme explicarte. Para que puedas convertir los productos y servicios que tienes en tu hogar en ganancias de La Mina de Oro en tu hogar, primeramente necesitas posicionarte como representante directo de un proveedor en la cadena de distribución de productos, y entonces, empezar a construir una comunidad de consumidores (personas de un mismo sentir, con intereses, metas y valores comunes) promoviendo todo usando la forma de mercadeo de promoción boca-a-boca.

¡Uau! ¡Enorme tarea! Pero el proceso de convertir transacciones de ventas al detalle que te *quitan* el dinero a transacciones que te *generan* dinero no es tan complicado como parece. En resumidas cuentas, el concepto de La Mina de Oro en el hogar consta de lo siguiente: A fin de convertir los productos de primera necesidad del hogar que te cuestan dinero en generadores de ingresos, tú tienes que convertirte de un consumidor de Wal-Mart y otros comerciantes minoristas a un representante de un compañía proveedor de productos directamente al cliente.

Y siendo representante de un proveedor, como empresario y dueño de tu propia empresa eres compensado con comisiones y bonos correspondientes, en vez de recibir un sueldo fijo que corresponde a un empleado común de empresa. La ventaja de ser un representante independiente es que no hay límite a lo que puedas ganar. Cuanto más grande sea tu comunidad de consumidores, más serán tus ganancias.

## ¿Qué tan grande es el mercado?

¿De qué tamaño es el mercado de La Mina de Oro en el hogar? ¡Gigantesco —y creciendo! Un análisis a la ligera comprueba mi punto de vista.

El hogar promedio de los EE.UU. tiene $9.250 dólares de ingresos, ($770 por mes) en dinero disponible para artículos de primera necesidad del hogar.

*La MINA DE ORO en el Hogar*

# Promedio de gastos en La Mina de Oro en hogares estadounidenses

Cuando consideras que hay casi 120 millones de hogares solamente en los EE.UU. —entonces, multiplica 120 millones de hogares por $9.250 dólares por hogar, y obtendrás una cifra astronómica difícil de comprender: ¡los estadounidenses gastan $1.110.000.000.000 (eso es 1 BILLÓN 110 MIL MILLONES de dólares) CADA AÑO en productos y servicios de La Mina de Oro en sus hogares!

## Oportunidad de $1.110.000.000

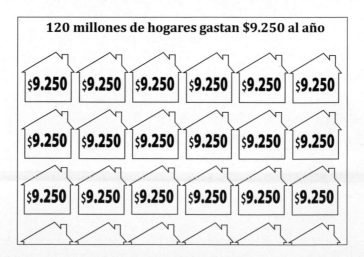

Piensa en esto, como representante de un proveedor, puedes posicionarte para ganar un porcentaje de un mercado de un billón de dólares anuales que va creciendo cada año —y eso es solamente en los EE.UU.

Mundialmente, todos los consumidores gastan $7.770.000.000.000 (7 billones 770 mil millones de dólares) cada año en productos y servicios para el hogar. Siendo representante de un proveedor nadie te puede imponer límites territoriales, lo cual significa que podrías ganar bonos y comisiones de un mercado mundial multibillonaria en docenas de países en el mundo entero. Este es el mismo mercado que alimenta a la 'ballena' Wal-Mart y es lo que hace que esta sea la oportunidad de oro si alguna vez ha habido tal cosa.

## Como funciona la cadena de distribución de productos de Wal-Mart

Para poder entender mejor tu rol como representante de un proveedor de productos, tomemos un momento para explicar como funciona la cadena de distribución de productos de Wal-Mart. En resumidas cuentas, esta es la manera en que productos y servicios se convierten en ganancias dentro del marco del modelo de Wal-mart.

En primer lugar, un representante de un proveedor o fabricante de productos (usemos por ejemplo a Proctor & Gamble) se reune con el que realiza las compras para Wal-Mart. La tarea del representante es de negociar el precio más alto posible que Wal-Mart pagaría por un artículo en particular. Una vez que Wal-Mart compra dicho artículo, digamos por $10 dólares, se envía el producto a una tienda de Wal-Mart donde se incrementa el precio un %15 sobre costo (15% de $10 = $1,50) que hace entonces, que el precio de venta es de $11,50. Dicho artículo queda en el estante de la tienda de Wal-Mart hasta que tú u otro consumidor lo compra. Luego de pagar todos los costos y gastos administrativos, Wal-Mart pretende obtener una ganancia neta del 3% sobre el margen bruto de $1,50, o sea un total de 4,5 centavos de dólar.

Un diagrama de flujo sirve para mostrar el modelo de distribución de Wal-Mart.

### La cadena de distribución de productos de Wal-Mart

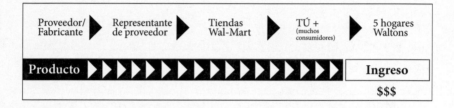

Al analizar este gráfico, pregúntate quién sale más beneficiado económicamente en la cadena de distribución de productos de Wal-Mart. Es bastante obvio que los grandes ganadores son la corporación de Wal-Mart y las cinco familias herederas de los Waltons.

¿Acaso no te encantaría estar en el puesto de Wal-Mart y recibir un porcentaje de los $7 billones de dólares que los consumidores pagan anualmente en gastos del hogar? ¿Te gustaría cambiar de lugar con los Waltons? ¿En la ecuación de ventas al detalle, te gustaría estar al lado de recibir en vez del lado de dar?

Tú puedes. ¿Sabes cómo?

Al cambiar de lugar en la cadena de distribución y ganancia de productos. Y es más. Con un simple ajuste de tus hábitos de compra, puedes eliminar por completo a los Waltons de la cadena de distribución y ubicarte en su lugar.

¡Atención a todos los compradores de Wal-Mart: Si les interesa más hacerse ricos del Patrimonio del hogar que en hacerse más pobres al gastar dinero en las tiendas minoristas, entonces deben prestar atención a la información que están a punto de leer!

## Quitando el 'eslabón de Wal-Mart' de la cadena de distribución

Ya hemos visto como es la cadena de distribución de Wal-Mart. Ahora veamos la cadena de distribución de la Mina de Oro en el hogar. En la cadena de distribución de La Mina de Oro en el hogar, tú te cambias del lugar de ser consumidor a ser representante del proveedor. Pero en vez de ser empleado por Wal-Mart o el proveedor, tú operas tu propio negocio independiente y eres SOCIO del proveedor. Como resultado de eso, estás posicionándote para beneficiarte de las ganancias, en vez de que se beneficie Wal-Mart.

**Tu cadena de distribución de productos
de La Mina de Oro en el hogar**

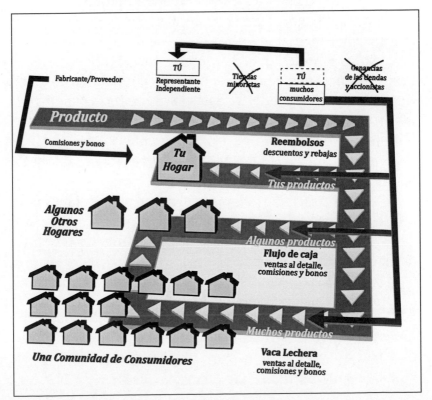

Al cambiarte de ser consumidor a ser representante del proveedor, te posicionas para beneficiarte de las ganancias y GANAR DINERO, así como lo hace Wal-Mart, en vez de GASTAR DINERO, como los consumidores típicos lo hacen.

Esta manera simple de cambiarte de ser consumidor a proveedor es el secreto de poder explotar el patrimonio oculto en la Mina de Oro en el hogar. Posicionándote como representante de un proveedor te empodera para convertir los productos y servicios de tu hogar, de ser gastos a ser ingresos —y de paso llegar a ser dueño de tu propia vida en el proceso.

## ¿Quieres ser minero, o Empresa Minera?

Como puedes ver, explotar La Mina de Oro en el hogar es un proceso bastante sencillo. No requiere de maquinaria costosa, ni siquiera una educación universitaria carísima. Sólo requiere una mente abierta y disponibilidad a aprender los trucos del negocio de los mineros exitosos de La Mina de Oro en el hogar.

Y eso es lo único que requiere —una mente abierta, un deseo de aprender, y una buena disposición para trabajar. Si tienes esa tres cualidades ya estás en el camino a beneficiarte del oro que hay en La Mina de Oro en tu hogar.

Depende de ti cuánto oro quieres minar. Puedes minar poco oro, o mucho. Después de todo, es TU negocio y TU decisión.

Puedes decidirte a trabajar solamente tu propia mina de oro, la de tu propio hogar, y ganar descuentos y reembolsos.

Puedes decidirte a trabajar localmente, minando hogares de algunos amigos y conocidos.

O, puedes decidirte a ser una corporación internacional expandiendo tus operaciones de minería a hogares a través del mundo entero.

El oro ahí está, esperando ser minado. Si tú no lo minas, otro lo hará. Entonces, ¿no crees que sea buena hora para aprovechar de La Mina de Oro en el hogar?

# Capítulo 8

# ¡Diversificar—o morir!

*Históricamente, el empleo de los obreros comunes ha sido el menos seguro, debido a que obreros extranjeros están dispuestos a realizar el mismo trabajo por menos pago. Pero el mercado hiper-competitivo de la economía mundial de hoy está forzando a empresas hambrientas de ganancias a ahorrar dinero al mandar al extranjero millones de empleos de trabajadores administrativos.*

*Como resultado, ya no existe tal cosa como seguridad de empleo, haciendo que más y más empleados —desde los trabajadores de líneas de ensamblaje a los ejecutivos de gerencia— a diversificar sus ingresos al minar La Mina de Oro en el hogar.*

# 8

# ¡Diversificar—o morir!

*Para el pequeño inversionista,*
*quizás el mejor consejo es el de*
*siempre: diversifícate.*

—**Alon Brav**
*profesor de finanzas, Universidad de Duke*

Aquí te tengo algo que encontré en el Internet que resume muy bien a la forma en que la globalización está afectando nuestras vidas. El panorama que estás a punto de leer es ingenioso y acertado. Y para millones de personas trabajadoras pinta un escenario escalofriante de una tendencia acrecentada que se está volviendo demasiado común:

Joe Smith empezó su día temprano, después que sonó su despertador (HECHO EN JAPÓN) a las 6:00 a.m. Mientras su cafetera (HECHA EN LA CHINA) hacía el café, Joe se afeitó con su rasuradora eléctrica (HECHA EN HONG KONG). Luego de preparar su desayuno en su sartén eléctrico (HECHO EN LA INDIA), se sentó con su calculadora (HECHA EN LAS FILIPINAS) para ver cuanto podía gastar ese día. Se puso su camisa de vestir (HECHA EN SRI LANKA), su terno y su corbata (HECHOS EN SINGAPUR), y sus zapatos de vestir (HECHOS EN BRAZIL). Luego de fijar su reloj (HECHO EN TAIWÁN), a la hora de su radio (HECHO EN MALASIA), se subió a su auto (HECHO EN MÉXICO), para continuar su búsqueda de trabajo en lo que ya lleva un año. Al finalizar otro día desalentador e infructuoso, Joe decidió relajarse por un rato. Se sirvió una copa de vino (HECHO EN CHILE), y prendió su televisor (HECHO EN INDONESIA), y se puso a pensar en el por qué no podía encontrar un buen empleo... en... ¡LOS ESTADOS UNIDOS!

Aunque el personaje Joe Smith sea ficticio, su experiencia diaria con productos del hogar sí son reales, al igual que su búsqueda infructuosa de un buen empleo. Joe se había rodeado de productos hechos en todos los países del mundo pero nunca se había detenido a pensar de la forma en que la compra de esos productos afectaba la economía estadounidense.

Es decir, nunca se le había ocurrido pensar en eso hasta que tenía que salir a buscar empleo.

Entonces fue que se le ocurrió —a fin de poder comprar cosas baratas importadas, EE.UU. ha tenido que exportar su producto más valioso —¡los empleos! Desafortunadamente, Joe no había tomado en cuenta de cómo la globalización está afectando el mercado laboral en los EE.UU. hasta que ya había perdido su empleo, y no así antes de perder su empleo.

# El desempleo:
## situación grave y destinado a empeorarse

Joe no es el único buscando empleo estos días. Mientras escribo este libro, la taza de desempleo, que según las estadísticas del gobierno, asciende el 6%, que resulta siendo casi 10 millones de personas de una fuerza laboral neta de 150 millones de trabajadores.

A lo menos eso es lo que dice el gobierno.

Sin embargo, la verdad es que la cifra de desempleo está más cerca al 10% o sea 15 millones de personas (sin tomar en cuenta los millones de estadounidenses seriamente afectados por empleo parcial, una tendencia creciente que desarrollaremos más adelante.) Pero, ¿Cómo se puede explicar la discrepancia entre las cifras de fantasía del gobierno y las cifras reales? Lógica enrevesada del gobierno.

Es que Washington sólo tabula a las personas que por ser desempleados perciben subsidios por desempleo. La lógica gubernamental razona de esta manera:

Si pierdes tu empleo pero nunca solicitas subsidio por desempleo, ¡NO ERES DESEMPLEADO!

Si vence el tiempo de subsidio por desempleo, ¡NO ERES DESEMPLEADO!

Si eres universitario que acaba de graduarse y anda en busca de empleo, ¡NO ERES DESEMPLEADO!

Si te has dado por vencido porque perdiste toda esperanza de encontrar empleo, o si decidiste jubilarte prematuramente porque no puedes encontrar empleo por tu edad, ¡NO ERES EMPLEADO!

El resultado: Hay MUCHOS MILLONES de estadounidenses desesperados por trabajo —pero el Ministerio de Trabajo del gobierno se rehúsa a tabularlos. He aquí las cifras reales: Empezamos con los casi 10 millones de estadounidenses que perciben subsidio de desempleo... añadamos otros 5 millones que nunca solicitaron ayuda financiera por desempleo o cuyos beneficios ya se vencieron —y eso hace un total de casi 15 millones de trabajadores desempleados en los EE.UU. —el 50% MÁS de los que quiere reconocer el gobierno en Washington.

Luego, aumenta otros 5 millones que han perdido sus empleos de tiempo completo y se hallan obligados en aceptar trabajos de tiempo parcial con sueldos mínimos. La cuenta final es de casi 20 MILLONES de personas, o en otras palabras el 13% de la fuerza laboral, ya sea que estén en condición de desempleo o trabajando en condiciones de subempleo.

Una cosa que se podría decir de nuestro amigo Joe en la historia con la que iniciamos es que ¡no está solo!

## Ya no tiene valor el color de tu cuello

Tradicionalmente, los obreros en la línea de ensamble son los más afectados por la globalización. Obreros de 'cuello azul' (obreros de trabajo manual) tienen que mirar con reojo por encima de sus hombros a cada rato preguntándose cuando será exportado su empleo a México o Asia, donde la mano de obra es más barata y abundante.

Ejecutivos de 'cuello blanco' (empleados de oficina) sin embargo, siempre han creído que su educación especializada y su pericia les aislaría de la migración laboral. Y era más o menos el caso hasta que estalló la bomba de las 'punto com' (dot.com) en la primavera del 2000. Desde entonces, se esfumaron 3 millones de empleos, la mayoría siendo de categoría 'cuello blanco' —trabajos de oficina y gerencia.

Históricamente, cuando se termina una recesión, los trabajadores de oficina son los primeros en ser contratados de nuevo.

Pero no esta vez.

"La gran mayoría de las casi 3 millones de pérdidas de empleo desde que comenzó la recesión del 2001, fueron el resultado de los cambios permanentes en la economía de EE.UU. y no volverán," dice un estudio del Banco Federal de la Reserva de los EE.UU. en New York.

La pérdida de empleos arrazó una franja ancha en la economía, incluyendo pilotos de líneas aéreas, los desarrolladores de software, gerentes de nivel medio, los minoristas, y los trabajadores de telecomunicaciones, por nombrar algunos. ¿Y el resultado?

Para llegar al fin de mes, pilotos están conduciendo taxis, e ingenieros están sirviendo café en Starbucks. Y esto es sólo la punta del iceberg. Ferrester Research, una firma de análisis de tendencias, predice que 3.3 millones de empleos serán exportados para el 2015, y esos empleos "no son únicamente empleos de trabajo manual sino cada vez más empleos de 'cuello blanco' (o sea empleos de oficina y gerencia.)

# Cuellos blancos manchados indeleblemente con tinta china

Hoy en día, el mundo comparte empleos al igual que comparte bienes. Y a medida que más trabajadores extranjeros aprenden el inglés, están adjudicándose de empleos mejor remunerados de 'cuello blanco' que siempre pertenecían exclusivamente a los estadounidenses. Cada día, miles de empleos antes considerados 'seguros' como son empleos bien remunerados de atención al cliente, análisis clínicos, programadores de sistemas, procesamiento de reclamos, trámite de formularios, toma de pedidos y sí, hasta de contabilidad, arquitectura y servicios legales, todos subcontratados a países extranjeros.

Un titular reciente de la revista Financial Times relata la historia: "Las industrias de servicio van global: La manera en que los trabajos profesionales bien pagados están emigrando a países de bajo costo." El artículo continúa diciendo que de los 13 millones de empleos de servicios financieros en los EE.UU. y Europa, se calcula que 2 millones de ellos serán subcontrados a la India, Malasia y la China hasta el año 2010.

Hoy en día el mundo es realmente una aldea global con el inglés siendo el dialecto predominante. Es por eso que actualmente 250 millones de Chinos estudian el inglés, un número equivalente a la población total de EE.UU. Y cuando estos chinos que hablan el inglés ingresen a la fuerza laboral, tendrán el conocimiento, tendrán computadoras, tendrán acceso al Internet, tendrán teléfonos celulares, y estarán dispuestos a trabajar por la décima parte de lo que actualmente percibe un estadounidense en uno de esos empleos.

Añade a eso las decenas de millones de personas en torno al mundo, con educación, ambición y que hablan el inglés que hace que los bancos, los intermediarios comerciales y las firmas legales tengan un mar de trabajadores inteligentes, motivados de baja remuneración del cual poder pescar, en vez de una pequeña laguna de estadounidenses de sueldos elevados.

¿Qué harías tú, si fueras jefe de un banco gigantesco?¿Pagarías estadounidenses $60 la hora (además de beneficios) para solucionar algún problema con tu programa de computación? ¿O será que despedirías por completo a tu departamento informático por subcontratar el trabajo a programadores en la India por $6 dólares la hora? Para mantener felices a tus inversionistas (y mantener tu empleo) optarías por subcontratar esa necesidad en la India, ¿no cierto?

¡Ay! Señor y Señora de Cuello Blanco, ¡su cuello blanco acaba de mancharse con 'globalización'! Pero, a diferencia de manchas anteriores de pérdidas de empleos, esta mancha no podrá ser blanqueada con una economía en auge, porque esta mancha es de tinta china y es indeleble.

## ¡Más te vale que estés listo para el futuro porque el futuro ya está aquí!

Una advertencia: No te dejes engañar con la idea de que la migración de empleos al exterior es algo que no puede suceder con tu empleo hasta que te jubiles. Mientras lees estas líneas, empleos de oficina y gerencia de los EE.UU y Europa se trasladan a Asia más rápido que un vuelo de ida en un Concorde.

Prueba: Bancos en EE.UU. ahorraron $8 mil millones de dólares en 4 años por subcontratar centros de transacción informática a la India. Ahora mismo hay corporaciones con base en Manhattan cuyos ejecutivos viven en los EE.UU. y sus secretarias en la India, donde los sueldos de las secretarias son cinco veces más bajos que los de New York.

¿Existen aún empleos disponibles en EE.UU? Claro que sí. Muchos. Meseras, cajeros de bancos, personal de apoyo en hospitales, y guardias de seguridad, son empleos todavía cotizados. Pero el trabajo es moroso y con remuneración baja. Y en cuanto a superación, lo mejor que puedes esperar es un aumento de $6 a $10 dólares la hora, porque sin importar qué tan bueno seas, tu salario siempre tendrá un tope máximo.

No es un cuadro muy alentador, ¿no es cierto?

## ¡Sé proactivo! ¡Arma las piezas del rompecabezas para una mejor vida!

Mira, quizás no estés parado en la fila de desempleados leyendo este libro, así que puede que piense que toda esta plática sobre la pérdida de empleos no te afecta. Pero, si te das un paso para atrás y miras el cuadro completo, la pérdida de empleos es sólo una pieza en el rompecabezas de las perspectivas para el futuro.

A continuación presento algunas piezas adicionales y no son nada bonitas.

• **Pieza de rompecabezas:** *Las cuentas de ahorros para la jubilación son prácticamente inexistentes para la mayoría de los trabajadores.* Según un estudio del Congreso, más del 50% de los trabajadores entre los 25 y 64 años de edad no poseen una cuenta de ahorros para la jubilación.

• **Pieza de rompecabezas:** *Menos del 50% de los trabajadores dicen estar contentos con su empleo.* De acuerdo al Centro de Investigación al Consumidor, satisfacción con el empleo actual entre trabajadores estadounidenses ha llegado a su nivel más bajo en la historia.

• **Pieza de rompecabezas:** *El sistema de pensión corporativo de los EE.UU. afronta una verdadera tormenta.* Según la revista Business Week, los sistemas de pensiones carecen de respaldo financiero por la suma de $350 mil millones. Para poder compensar, las corporaciones están vendiendo unidades que cuentan con empleados mayores en sus planillas, quienes resultan perdiendo sus beneficios de pensiones. Otras compañías están optando por declararse en quiebra lo que significa que la compañía reestructurada puede legalmente disminuir los beneficios a los jubilados y los empleados.

• **Pieza de rompecabezas:** *La clase media apenas está logrando salir a flote.* Según la revista USA Today, en estos días las familias con doble ingreso luchan por sobrevivir costos astronómicos de vivienda, seguro médico, y universidad mientras tratan de ahorrar para su jubilación y resistir el peso creciente de sus deudas.

• **Pieza de rompecabezas:** *El el grupo de trabajadores entre los 50 y 70 años, cerca del 45% piensan trabajar después de los 65 años.* Según una encuesta realizada por la AARP (Asociación Americana de Personas Jubiladas) una gran parte de la fuerza laboral está postergando su jubilación debido a las pérdidas en la bolsa de valores y crecientes costos de seguro social.

Juntando todas las piezas, ¿qué ves? Un retrato de una familia típica estadounidense, parada frente a su casa. La casa está en buen estado. El césped recortado y los niños sonriendo, pero papá y mamá tienen el ceño fruncido. Y, ¿por qué? Porque saben que detrás de la fachada, su vida 'estable' de clase media está al borde del desastre.

Y ¿qué de tu vida? ¿Será que alguna de estas piezas de rompecabezas describe algún aspecto de tu vida?

¿Estás feliz y te sientes realizado en tu trabajo?

¿Están tus finanzas del hogar en orden?

¿Tienes suficiente dinero ahorrado para cuando te jubiles?

¿Pagas el saldo de tus tarjetas de crédito cada fin de mes?

¿Tienes un empleo seguro y bien pagado o eres dueño de tu propio negocio?

Si contestaste NO a cualquiera de estas preguntas, entonces es hora de ser proactivo y tomar medidas precavidas para evitar el desastre.

# No pongas todos tus huevos en una sola canasta

Si algunas de las piezas del rompecabezas de tu vida no encajan en el Gran Cuadro que has soñado para ti y tu familia, ¡entonces es necesario que tomes acción AHORA, y no después que te hayan despedido de tu trabajo!

La Mina de Oro en el hogar te ofrece una forma de asegurarte que no tienes todos tus huevos de ingresos en una sola canasta de empleo. Explotando La Mina de Oro puede resultar en una forma de complementar tus ingresos desde unos cuantos dólares a la semana, hasta cientos de dólares mensuales, ¡o aun hasta cientos de miles de dólares al año! Y, a diferencia de una franquicia, el concepto de La Mina de Oro sólo requiere unos cientos de dólares, o menos, para arrancar (a diferencia de decenas de miles de dólares, o hasta cientos de miles de dólares para algunas franquicias tradicionales.)

Además, no es necesario que dejes tu empleo actual para comenzar a minar La Mina de Oro en el hogar. El concepto de La Mina de Oro en el hogar te habilita para poder diversificar tu fuente de ingresos al compartir el concepto con otros en las noches y fines de semanas mientras mantienes tu empleo de tiempo completo. Esto es lo hermoso de La Mina de Oro en el hogar —lo puedes minar a tiempo parcial o tiempo completo. Lo puedes minar con rapidez o lentitud. O Puedes minar poco o mucho. Todo depende de cuales sean tus necesidades, tus metas y por supuesto tus habilidades y esfuerzos.

## ¡O diversificar, o morir!

Piénsalo. ¿Por qué no quisiera la gente diversificar sus ingresos? Vivimos en un mundo cada vez más competitivo, un mundo donde la tecnología está destruyendo los viejos modelos de comercio al paso que crea nuevos. Hace diez años, por ejemplo, máquinas de FAX se vendían como pan caliente. Los fabricantes al igual que los vendedores de esas máquinas estaban haciendo una fortuna. Pero hoy, gracias al Internet, las máquinas de Fax van por el mismo camino que las máquinas de escribir. Así que, conociendo ahora lo que conoces, si fueras un fabricante o vendedor de máquinas de Fax en 1990, ¿no te interesaría diversificar tus ingresos? ¡Por supuesto que sí!

Lo mismo con tu empleo actual. El tiempo de diversificar tus ingresos no es cuando los tiempos son malos o después que te hayan despedido del trabajo. El tiempo de diversificar es AHORA, mientras aún tengas un empleo, mientras tu industria está vivita y coleando, no cuando esté muerta.

Con los cambios dramáticos que ocurren con frecuencia en vez de cada década o cada siglo, la gente sabia hace planes para los tiempos malos y viven esperanzados de tiempos mejores. ¡Y una parte importante de planificar para tiempos malos es diversificar tus ingresos, mientras puedas!

## Cuando baja tecnología gana alta tecnología

La tecnología acelera los cambios en nuestro mundo, sin lugar a duda. Pero eso no significa que todo lo que sea de 'baja tecnología' ha perdido su valor. Todo lo contrario, algunos productos vienen siendo comprobados a través de las edades de ser tan prácticos que no pueden ser sustituidos.

Por ejemplo, el lápiz.

Cuando una revista líder en diseño le preguntó a Doug Chaing, Director de Diseño para Lucasfilm, la compañía que escribe y produce las películas de *Star Wars*, *(La guerra de las galaxias)* sobre cuál invención había sido la más valiosa del siglo veintiuno, contestó, "La más sencilla de las herramientas, el lápiz, ayudará a formular el crecimiento tecnológico prometido para el siglo 21, (porque) el lápiz contiene la capacidad de crear, comunicar, grabar, transferir, y estructurar las ideas. Accesible y adquirible, es indispensable.

Cuando uno reflexiona al respecto, el lápiz de 'baja

tecnología' tiene ventajas que el Internet de 'alta tecnología' jamás puede emular. Los lápices son baratos, pequeños, portables y siempre 'encendidos'. Y, al contrario de una computadora, si un lápiz se quiebra lo afilas de nuevo y vuelves a continuar el trabajo que estabas haciendo. Así que, el lápiz siempre tendrá su lugar sin importar cuán tecnificado llegue a ser el mundo.

Lo mismo se puede decir de los productos de La Mina de Oro en el hogar. Tenemos la tendencia de idealizar los productos de alta tecnología, como son las PDAs (Asistente Personal Digital) y teléfonos celulares con acceso al Internet. Pero después de todo, la gente puede existir sin sus trastos de alta tecnología.

Pero nunca se te ocurriría tratar de vivir sin agua limpia, ¿no es cierto? ni sin productos de limpieza, ni tampoco productos de salud y bienestar, ¿no es cierto? ni tampoco vivir sin muebles, ni champú, ni cientos de otros productos necesarios para tu hogar que tienes en tus estantes o gabinetes. ¡Por supuesto que NO!

## Tecnología baja es igual a ganancias grandes

Al igual que el lápiz humilde trazará los adelantos tecnológicos del mañana, los artículos comunes y corrientes de productos y servicios continuarán siendo el combustible para la creciente economía mundial, hoy, mañana y siempre.

Habrá siempre una demanda enorme para productos y servicios para La Mina de Oro en el hogar incluyendo la demanda de tu propio hogar. Cada año, millones de personas ganarán miles de millones de dólares proveyendo productos y servicios a hogares alrededor del mundo, así que, ¿por qué no posicionarte para ganar algo de esa fuente de ingreso que es La Mina de Oro en el hogar?

Si estás de acuerdo que en nuestro mundo que cambia rápidamente las personas sabias optan por diversificar sus fuentes de ingresos, en lugar de poner todos los huevos de sus ingresos en una sola canasta, entonces, ¿qué mejor manera de diversificar que ganar dinero en productos que cada hogar tiene que comprar sobre una base mensual *de todos modos*?

Diversificar tus ingresos tiene buen sentido, ¿no te parece?

De igual manera, el concepto de La Mina de Oro en el hogar también tiene buen sentido —¡sentido de centavos y dólares!

Entonces, ¿qué esperas?

Haz que tu mañana sea más próspera y segura al diversificar tus ingresos ¡HOY!

# Conclusión

*Es obvio que alguien va a minar*
*La Mina de Oro en tu hogar*
*—¡mejor que lo hagas tú!*

*Es obvio como tienes que gastar*
*dinero en productos esenciales*
*para tu hogar de todos modos,*
*sé tú quien se beneficie de esas*
*ventas en vez del vendedor al*
*detalle.*

*Así que, ¡reconoce lo obvio!*

# Conclusión

# La leyenda del Pergamino de La Piedra de Jaspe

*Demasiada gente está pensando en seguridad en vez de oportunidad. Parecen tener más miedo de la vida que de la muerte.*

—James F. Byrnes

En tiempos antiguos la biblioteca real en Alejandría, Egipto, era la cuna de la civilización documentada, albergando cerca de un millón de pergaminos sobre literatura, ciencia, filosofía, medicina, geografía y astronomía.

Lamentablemente, durante un asedio en 640 dC, la biblioteca se incendió por completo y toda la sabiduría grabada a través de las edades se convirtió en humo. Eruditos modernos aseveran que cuanto documento había, fue destruido.

Pero según leyenda, un sólo pergamino sobrevivió.

Aquí está la historia del único pergamino sobreviviente de la gran biblioteca alejandrina.

## La leyenda del pergamino de la piedra de jaspe

Mientras los invasores prendían fuego a cada rincón de la biblioteca real, un viejo bibliotecario se escondió en un callejón estrecho, observando las enormes llamas que llegaban hasta el cielo. Días después, cuando el antes magnífico edificio se había reducido a un montón de cenizas

117

ardientes, el bibliotecario regresó para caminar entro los escombros removiendo los restos con un palo. No quedó ni un solo pergamino.

Con el corazón partido, el bibliotecario se dio la vuelta para irse y su pie volteó un jarrón carbonizado, revelando un pequeño pergamino amarillento, por lo visto el único documento restante de la gran biblioteca de Alejandría. El bibliotecario agarró el pergamino. Desempolvó las cenizas de la etiqueta y pudo leer el título, *"El Secreto de la Piedra de Jaspe."* Echó un vistazo nervioso a su alrededor y salió de las ruinas para investigar su hallazgo.

Al leer ansiosamente el pergamino se le reveló al bibliotecario el secreto de la piedra de jaspe. Era una piedra pequeña con poderes mágicos. ¡Cualquier material que entrara en contacto con la piedra de jaspe sería al instante convertido en oro!

El pergamino explicaba que dicha piedra mágica tenía la apariencia de miles de piedras similares esparramadas sobre un alto y aislado acantilado con vista sobre una ensenada estruendosa del mar Mediterráneo. Pero el secreto para poder descubrir la piedra mágica era la siguiente: La verdadera Piedra Mágica sentiría tibia al toque, a diferencia de las demás piedras que estarían frías.

El bibliotecario se fue de prisa al acantilado y empezó su búsqueda por la piedra mágica. Reconocía que sería necesario tener un sistema para reconocer la diferencia entre las piedras comunes y la piedra mágica, así que divisó un plan: cada vez que levantaba una piedra fría, la tiraría al mar, y de esa manera facilitaría su búsqueda de la piedra genuina.

El bibliotecario pasó su primer día desde el alba hasta la puesta del sol levantando piedras frías y tirándolos al mar revoltijoso. Trabajó metódicamente asegurándose de que no se le fuera ni una piedra sin percibirse de su temperatura. Los días se tornaron en semanas mientras él rastreaba por secciones el acantilado, hasta que por fin, sólo quedaba una pequeña sección de terreno rocoso.

Ya no me queda mucho, —dijo entre sí mientras seguía su búsqueda por la faz del precipicio peligroso,— A lo mucho me queda dos días de trabajo, quizá tres. Muy pronto la piedra mágica será mía.

Con una sonrisa levantó una piedra más y sin pensarlo dos veces lo tiró al mar, y entonces se cayó horrorizado al suelo. ¡Esa última piedra estaba tibia!

## La moraleja de esta historia

Al igual que el anciano bibliotecario en el relato, todos somos criaturas de hábito. El anciano bibliotecario había desarrollado el hábito instintivo de tirar las piedras comunes al mar, así que cuando por fin le tocó la piedra mágica que tanto había buscado, sin darse cuenta la tiró también al mar.

Como con las piedras mágicas, así también es con las oportunidades. Si no prestamos mucha atención, será fácil ignorar una oportunidad valiosa, especialmente si consta de algo familiar y delante de nuestras propias narices.

Al igual que la piedra mágica de nuestra leyenda, los productos y servicios en tu hogar no parecen tener poderes mágicos de generar ingresos. Y si eres como la mayoría de la gente, las cosas en tu casa te son tan conocidas que no las avaloras como debes, al igual que diste por sentado que los mejores lugares para abastecer tu casa de productos y servicios son los vendedores al detalle.

¡Pero eso fue antes de leer este libro!

## La Mina de Oro: Tu Piedra Mágica para crear riqueza

Considera este libro tu pergamino de La Piedra Mágica. Mientras leías este libro aprendiste el secreto que puede transformar los productos esenciales para el hogar en Mina de Oro para generar riqueza.

Has aprendido que, a diferencia de la mayoría de oportunidades grandes, el concepto de La Mina de Oro no requiere mucho Dinero Adicional porque aprovecha del *Dinero de Todos Modos*, lo cual es dinero que tienes que gastar, '*de todos modos*'.

Has aprendido que al igual que los bienes raíces representan cierto patrimonio, tus productos en el hogar también representan patrimonio hogareño.

También has aprendido que el hogar promedio estadounidense tiene un capital disponible de $9.250 para gastar anualmente, en productos y servicios domésticos.

Has aprendido que casi cada producto individual en tu hogar —minado por separado o colectivamente— representa parte del total de La Mina de Oro en tu hogar como para generar una fuente estable de ingresos para ti y tu familia.

Has aprendido que la mayoría de los hogares permiten a los vendedores al detalle (liderizados por Wal-Mart) quitarles $7 billones de dólares anuales de sus Minas de Oro en el hogar.

Has aprendido que el concepto de La Mina de Oro en el hogar es como tener tu propio 'Wal-Mart', pero sin las paredes y que lo único que tienes que hacer para ganar dinero es ubicarte en la cadena de distribución de productos, en lugar de los vendedores al detalle.

Y también has aprendido que con el concepto de La Mina de Oro en el hogar, tú puedes ganar dinero en efectivo en comisiones y bonos, a construir un flujo de caja, o, tener una vaca lechera, según tus propios sueños, objetivos y esfuerzos.

## ¡No tires tu piedra mágica al mar!

Estas son algunas de las cosas que has aprendido de este libro. Reconozco que algunas personas harán lo mismo que hizo el anciano bibliotecario en la leyenda de *El pergamino de la piedra mágica* —sin pensarlo dos veces despreciarán esta oportunidad porque su rutina diaria de siempre se impondrá sobre la sabiduría recién conocida.

Pero también reconozco que la mayoría de las personas se darán cuenta que han estado ignorando lo obvio por demasiado tiempo, o sea, que alguien sí va a mina su Mina de Oro en el hogar, y que ya es tiempo que lo hagan ellos mismos.

Es obvio que en vista de que vas a gastar dinero en productos esenciales, *de todos modos*, tiene sentido de que TÚ te beneficies de las ganancias, en vez del vendedor al detalle.

Así que, ¡reconoce lo obvio!

Y si tú, al igual que yo, te das cuenta de lo obvio, entonces sé diligente en aprender más acerca de este concepto de La Mina de Oro en el hogar. Mira, a diferencia de la piedra mágica de la leyenda, La Mina de Oro no está tibia, ¡está CALIENTE, y se va calentando cada día más!

Así que, no lo tomes a la ligera y eches el concepto de La Mina de Oro al mar del olvido. Aprende y aplica los principios en este libro a los productos esenciales de tu hogar y enseña a otros de hacer lo mismo. Y luego, ¡observa con asombro mientras los productos y servicios comunes son transformados mágicamente en oro!

# ¡Por qué es crucial reconocer lo obvio!

*Reconocer lo obvio es asunto de sentido común y no de inteligencia. Motivo por el cual la gente inteligente a veces no puede reconocer lo obvio. Y como resultado, se queda marginada mientras que otros menos talentosos hacen sus fortunas.*

*No seas tú como las personas famosas remarcadas en la siguiente página, como las personas que resultaron burlándose de sí mismos por ignorar lo obvio. ¡Abre tus ojos a lo obvio, y reconocerás el oro en los hogares del mundo entero, esperando ser minado por ti!*

# ¡Por qué es crucial reconocer lo obvio!

## Personas famosas que erraron al no reconocer lo obvio

*La radio no tiene futuro. Las máquinas voladoras más pesadas que el aire son imposibles. Los rayos X resultarán ser una farsa. No tengo ni la molécula más pequeña de fe en la navegación aérea distinta a viajar en globo de aire.*

**William Thompson, Lord Kelvin** *(1824-1907)*
*científico inglés;*
*presidente de The Royal Society*

*Hablar de navegación espacial es hablar de sandeces.*

**Sir Richard van der Riet Wooley**
*The Astronomer Royal, 1956*

*Mientras teóricamente y técnicamente la televisión puede ser factible, comercial y económicamente la considero una imposibilidad, un desarrollo sobre el cual no hay que gastar mucho tiempo soñando.*

**Lee DeForest** *(1874-1961)*
*inventor estadounidense*

*Hay un mercado mundial como para cinco computadoras.*

**Thomas J. Watson** *(1874-1961)*
*fundador y primer presidente de IBM Corporation*

*Las máquinas (voladoras) serán eventualmente veloces; serán utilizadas deportivamente, pero no debería pensarse en ellas como medios de transporte comercial.*

**Octave Chanute** *(1831-1910)*
*pionero francés de la aviación*

*Hundir un barco con una bomba es simplemente imposible.*

**Clark Woodward** *(1877-1967)*
*contra almirante de la naval estadounidense*

*Es la tontería más grande que hayamos hecho...La bomba (atómica) nunca explotará, y hablo como experto en explosivos.*

**William Leahy** *(1875-1959)*
*almirante de la naval estadounidense*

*¿Quién querría oír las voces de los actores?*

**Harry M. Warner** *(1881-1958)*
*fundador, Warner Bros. Studio (en 1927, sobre la posibilidad de incluir voces al cine mudo)*

*No podrían ni siquiera pegarle a un elefante a esta dis...*

*últimas palabras del* **General John Sedgwick** *(1813-1864) en la Batalla de Spotsylvania*

Encuentra tu inspiración, aprende más acerca de ti mismo y aprovecha lo que te motiva a ser mejor.

Obtén más información sobre nuestros títulos emocionantes y autores de clase mundial al visitar nuestro Facebook y suscribirte a nuestro boletín mensual.

# INSPIRAR, EDUCAR, MOTIVAR

Editorial **RENUEVO**

www.editorialrenuevo.com
www.facebook.com/editorialrenuevolibros